［改訂2版］

福祉職員キャリアパス対応 生涯研修課程テキスト

初任者編

は じ め に

　2007（平成19）年8月、「社会福祉事業に従事する者の確保を図るための措置に関する基本的な指針」が見直され、新たな指針（新福祉人材確保指針）が告示されました。同指針では、福祉・介護サービス分野における人材を確保していくためには、給与水準や労働時間などの「労働環境の整備」とあわせて、福祉・介護サービス従事者の資質向上のための「キャリアアップの仕組みの構築」が重要であるとされました。そして、2016（平成28）年3月の社会福祉法の改正では、新福祉人材確保指針の対象者の範囲が社会福祉事業と密接に関連する介護サービス従事者にも拡大されています。

　全国社会福祉協議会では、1998（平成10）年より、高齢者福祉や障害者福祉、児童福祉など福祉の全分野（以下、「福祉」と総称）に共通して求められる能力を開発する研修である福祉職員生涯研修課程の実施・推進を行ってきましたが、上記の指針をふまえて、2008（平成20）年よりキャリアパスに対応した新課程の開発を進めてきました。2013年（平成25）年には、その新課程に沿って標準テキストを作成しました。

　2018（平成30）年には改訂版を出版しましたが、この度新しい福祉の潮流に沿ってさらに改訂を行ったのが本書です。

　2017（平成29）年と2020（令和2）年に社会福祉法が改正され、これまでの相談者の属性ごとの相談支援体制を包括的なものにしていくこと、福祉人材の確保や業務効率化の一層の推進を図ることなどが求められています。福祉職員には福祉分野にとどまらず地域全体を視野に入れた働きが求められてきています。現状の厳しさのみに目を向けることなく、社会やサービスのあり方、自己の将来の姿を描く自律的な姿勢が求められています。

　本書は、福祉職員が自らの歩んできた道を振り返り、また、新たな知識や体験を通して、自らの将来像を描き、職業人生の意味を深め、その価値を高めることをねらいとしています。そのことが自らが働き続けることの力となり、ひいては、福祉人材の確保・定着や利用者サービスの向上につながります。

　この間、社会福祉分野の人材確保を巡る状況は一層厳しさを増しており、介護や障害福祉の分野に加えて、児童福祉分野（保育、社会的養護）においても、処遇改善加算の創設・拡充を図るなどの施策が進められています。そして、それらの加算要件として、職員がキャリアアップできる仕組みを整備することが、施設・事業所に求められています。

　本課程・テキストの内容は、このような情勢への対応に資するものとなっており、重要性は一層増しているといえます。

　本書が、多くの福祉職員に活用され、福祉職員のキャリアパス構築、さらに福祉サービスのよりいっそうの向上に寄与できることを心から願っています。また、本書については、今後もいっそう使いやすいものとしていくため、皆さまのご意見ご要望をお寄せいただきたく存じます。

2021年6月

社会福祉法人　全国社会福祉協議会
福祉職員キャリアパス対応生涯研修課程運営委員会
委員長　　田　島　誠　一

福祉職員キャリアパス対応生涯研修課程について

1. 福祉職員キャリアパス対応生涯研修課程とは

　　福祉職員キャリアパス対応生涯研修課程（以下、本課程）とは、高齢者福祉や障害者福祉、児童福祉など福祉の全分野（以下、「福祉」と総称）に共通して求められる能力を開発するための基礎研修として、全国社会福祉協議会が開発したものであり、以下の目的と特徴があります。

●目的
　①福祉職員が、自らのキャリアアップの道筋を描き、それぞれのキャリアパスの段階に応じて共通に求められる能力を段階的・体系的に習得することを支援する。
　②各法人、事業所が主体的に職員のキャリアパスを整備し、これに沿った職員育成施策を確立・実施することを支援する。

●特徴
　①福祉職員のキャリアパスに応じた資質向上を段階的・体系的に図る。
　②あらゆる事業種別・職種を横断した福祉職員全般を対象とする。
　③研修内容の標準化を図り、全国共通の基礎的研修とする。
　④さまざまな研修実施機関・団体が連携して実施する。

2. 受講対象

　　本課程は、あらゆる事業種別・職種を横断した福祉職員全般を対象としています。さらに、福祉職員を以下の5階層に区分し、それぞれに対応した研修プログラムを設定しています。

階層	想定する受講対象者	教育・研修内容
初任者コース	●新卒入職後３年以内の職員 ●他業界から福祉職場へ入職後３年以内の職員	●サービス提供者、チームの一員としての基本を習得する。 ●福祉職員としてのキャリアパスの方向を示唆する（無資格者には資格取得を奨励する）。
中堅職員コース	●担当業務の独力遂行が可能なレベルの職員 （入職後概ね３〜５年の節目の職員）	●中堅職員としての役割を遂行するための基本を習得する。 ●中堅職員としてのキャリアアップの方向を示唆する。
チームリーダーコース	●近い将来チームリーダー等の役割を担うことが想定される中堅職員 ●現に主任・係長等に就いている職員	●チームリーダー等の役割を遂行するための基本を習得する。 ●チームリーダーとしてのキャリアアップの方向を示唆する。
管理職員コース	●近い将来管理者の役割を担うことが想定される指導的立場の職員 ●現に小規模事業管理者・部門管理者等に就いている職員	●管理者としての役割を遂行するための基本を習得する。 ●管理者としてのキャリアアップの方向を示唆する。
上級管理者コース	●近い将来施設長等運営統括責任者の役割を担うことが想定される職員 ●現に施設長等運営統括責任者に就いている職員	●トップマネジメントとしての役割を遂行するための基本を習得する。 ●統括責任者としてのキャリアアップの方向を示唆する。

3. 内容

　本課程は、基軸科目、基礎科目、啓発科目、重点科目から構成されています。研修プログラムは、自己学習（事前学習）と面接授業を組み合わせて実施します。

科目概念図

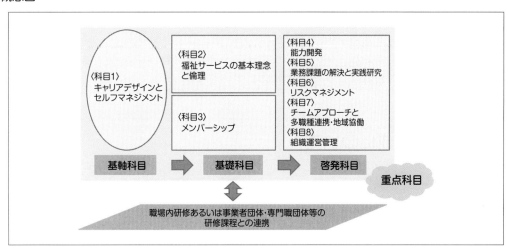

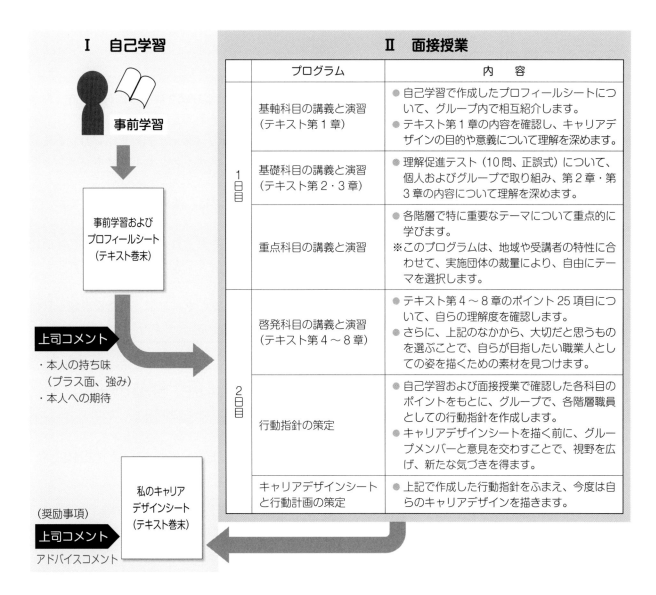

	プログラム	内　容
1日目	基軸科目の講義と演習 （テキスト第1章）	● 自己学習で作成したプロフィールシートについて、グループ内で相互紹介します。 ● テキスト第1章の内容を確認し、キャリアデザインの目的や意義について理解を深めます。
	基礎科目の講義と演習 （テキスト第2・3章）	● 理解促進テスト（10問、正誤式）について、個人およびグループで取り組み、第2章・第3章の内容について理解を深めます。
	重点科目の講義と演習	● 各階層で特に重要なテーマについて重点的に学びます。 ※このプログラムは、地域や受講者の特性に合わせて、実施団体の裁量により、自由にテーマを選択します。
2日目	啓発科目の講義と演習 （テキスト第4〜8章）	● テキスト第4〜8章のポイント25項目について、自らの理解度を確認します。 ● さらに、上記のなかから、大切だと思うものを選ぶことで、自らが目指したい職業人としての姿を描くための素材を見つけます。
	行動指針の策定	● 自己学習および面接授業で確認した各科目のポイントをもとに、グループで、各階層職員としての行動指針を作成します。 ● キャリアデザインシートを描く前に、グループメンバーと意見を交わすことで、視野を広げ、新たな気づきを得ます。
	キャリアデザインシートと行動計画の策定	● 上記で作成した行動指針をふまえ、今度は自らのキャリアデザインを描きます。

3

本書の構成について

1. 本書について

　本書は、本課程で用いる教材として作成されたものです。

　本課程では、職員の対象範囲を原則として以下のように分類し、それぞれについて研修プログラムを策定しています。

　本書の第1巻『初任者編』は初任者コース、第2巻『中堅職員編』は中堅職員コース、第3巻『チームリーダー編』はチームリーダーコース、第4巻『管理職員編』は管理職員コースおよび上級管理者コースの各研修プログラムに対応しています。

2. 本書の全体構成について

　『初任者編』『中堅職員編』『チームリーダー編』『管理職員編』の章立ては共通であり、読み手の立場・職務階層に則してステップアップするという構造になっています。

　全4巻のうち、1冊を通読するだけでも内容を理解することはできますが、初任者編から順次読み進めていくことで、段階的・体系的に習得することができ、より高い学習効果が期待できます。

3. 各章の構成について

　各巻をそれぞれ8つの章で構成し、第1章を基軸科目、第2章および第3章を基礎科目、第4章から第8章までを啓発科目としています。（下表参照）。

　本課程は、福祉職員が自らのキャリアを自律的にデザインする力（キャリアデザイン力）を確立し高めていくことを主旨としていることから、第1章のキャリアデザインとセルフマネジメントを基軸科目と位置づけています。

　第2章の福祉サービスの基本理念と倫理、第3章メンバーシップは、基礎として押さえておかなければならない内容であり、基礎科目としています。

　第4章から第8章は、第1章～第3章の内容をふまえたうえで、それぞれの職場において具体的に業務を展開しつつ、本課程を修了した後も、学習・研究を深めていくことが必要と考えられるテーマであり、啓発科目としています。

　第8章まで学んだ後で、また第1章のキャリアデザインに取り組んでみると、新たな課題や目標が見つかるでしょう。

	章	内容
基軸科目	**第1章** キャリアデザインとセルフマネジメント	福祉職員としての自らの役割を確認しながら、各階層で求められるキャリアデザインを検討します。
基礎科目	**第2章** 福祉サービスの基本理念と倫理	社会福祉の基本理念を知り、福祉サービスを提供するうえでの基盤となる価値観、倫理観について学びます。
	第3章 メンバーシップ	メンバーシップにリーダーシップとフォロワーシップがあることを学び、それぞれの立場でのあるべき姿について理解を深めます。

	章	内容
啓発科目	**第4章** 能力開発	職員一人ひとりが努力と研鑽を積み、力量を高めるにはどのようにすればよいか学びます。
	第5章 業務課題の解決と実践研究	福祉職員が、日々、業務を行ううえで生じる課題について理解を深め、さらにその解決方法のひとつである実践研究の進め方についても学びます。
	第6章 リスクマネジメント	福祉サービスのリスクやリスクマネジメントについて学び、業務の標準化や法令遵守等についても理解を深めます。
	第7章 チームアプローチと多職種連携・地域協働	福祉サービス業務の基本としてのチームアプローチのあり方、多職種連携・地域協働について学びます。
	第8章 組織運営管理	組織人として働くうえで必要な基本的ルールと知識を身につけ、職務階層に応じ、マネジメントのあり方について学びます。

　なお、本書は全ての節を「見開き2頁読み切り（完結）」で編集し、図表を活用することで理解しやすいように配慮しています。また、各章ごとの扉で、章の「目標」と「構成」を示すとともに、『中堅職員編』『チームリーダー編』『管理職員編』では、各章末に『前巻までのポイント』を掲載しています。

項目	構成・内容
扉	各章における目標や、各章の構成を掲載
本文	各章ともに5つの節で構成。各節は見開き2ページで解説
ティータイム	各章の内容に関連した情報やエッセイ等
前巻までのポイント	前巻までの内容のポイントを見開き2ページで掲載（第2～4巻のみ掲載）

4. 本書で使用する用語について

　本書では、次の言葉を以下のように定義しています。

● **福祉サービス**
　生活の支援を必要とする人々に対する専門的サービス
● **福祉職員**
　福祉サービスを担う人
● **法人・事業所**
　福祉職員が所属している組織
● **キャリア**
　生涯を通じた職業人生経路、時間軸で見た職業生活のパターン
● **キャリアパス**
　法人・事業所が示すキャリアの進路・道筋
　（キャリアアップ支援施策）

福祉職員キャリアパス対応生涯研修課程テキストの全体構造

		初任者編	中堅職員編	チームリーダー編	管理職員編
基軸科目	第1章	キャリアデザインとセルフマネジメント 福祉職員としてのキャリアデザインと自己管理	キャリアデザインとセルフマネジメント 中堅職員としてのキャリアデザインと自己管理	キャリアデザインとセルフマネジメント チームリーダーとしてのキャリアデザインと自己管理	キャリアデザインとセルフマネジメント 管理職員としてのキャリアデザインと環境整備
基礎科目	第2章	福祉サービスの基本理念と倫理 福祉サービスの基本理念・倫理の基礎を理解する	福祉サービスの基本理念と倫理 福祉サービスの基本理念と倫理の理解を深める	福祉サービスの基本理念と倫理 福祉サービスの基本理念・倫理を推進する	福祉サービスの基本理念と倫理 福祉サービスの基本理念・倫理を徹底する
	第3章	メンバーシップ 組織の一員としてのフォロワーシップの醸成	メンバーシップ 中堅職員としてのフォロワーシップの醸成	メンバーシップ チームリーダーとしてのリーダーシップの醸成	メンバーシップ 組織・部門管理者としてのリーダーシップの醸成
啓発科目	第4章	能力開発 初任者としての能力開発	能力開発 中堅職員としての能力開発と後輩職員の指導	能力開発 チームリーダーとしての能力開発とOJTの推進	能力開発 管理職員としての能力開発と人材育成
	第5章	業務課題の解決と実践研究 業務を振り返り、問題解決の必要性を理解する	業務課題の解決と実践研究 現在起きている問題を解決し、後輩職員をリードして取り組む	業務課題の解決と実践研究 チームで問題解決に取り組み、その先頭に立つ	業務課題の解決と実践研究 法人・事業所レベルでの業務の改善、組織の問題解決
	第6章	リスクマネジメント 福祉サービスとリスクマネジメント	リスクマネジメント 利用者の尊厳を守る福祉サービスのリスクマネジメント	リスクマネジメント サービスの質の確保・向上とリスクマネジメント	リスクマネジメント 福祉経営とリスクマネジメント
	第7章	チームアプローチと多職種連携・地域協働 組織のなかでの多職種連携・協働	チームアプローチと多職種連携・地域協働 他組織や地域の専門職との連携・協働	チームアプローチと多職種連携・地域協働 チームアプローチと多職種連携・地域協働の推進	チームアプローチと多職種連携・地域協働 チームアプローチ・多職種連携の管理と地域協働の推進
	第8章	組織運営管理 組織運営管理の基礎を知る	組織運営管理 組織運営管理の理解促進と参画	組織運営管理 組織運営管理への参画と協働	組織運営管理 組織運営管理体制の整備と推進

学習を始める前に

■ 初任者コースの５つの目標

（１）自身のキャリアアップの方向性について自覚を深める。
（２）福祉サービスの基本理念と倫理についての基礎を習得する。
（３）チームケアの一員としてメンバーシップやコミュニケーションの基本を学ぶ。
（４）キャリアアップに必要な啓発課題について基本を学び、啓発意欲を高める。
（５）福祉職員としての役割行動と行動指針を確認し、自己のキャリアデザインとアクションプランを策定する。

■ 社会人として学ぶことの意義－４つの輪

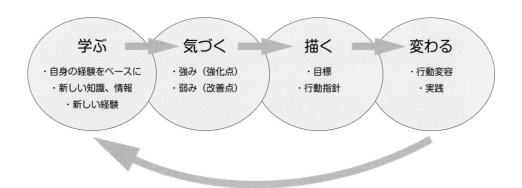

■ 参加型研修の３つの約束

1. 進んで発言する
   －自身の考え方や意思をまとめ、適切に表現し理解してもらう
   －相手の理解、納得、共感が影響力の源泉である
2. 人の話によく耳を傾ける
   －主張と傾聴のバランスがとれていなければならない
   －他者の話にどれだけ耳を傾けられるかは、対人関係の基本スキル
3. 時間を意識する
   －職業人は時間を意識する必要がある
   －時限のなかでより高い成果を目指さなければならない
     （仕事には期限があり、目標は常に時限的である）
   －時間は有限である。適切な対応力、実行力が求められる

目　　次

第**1**章　キャリアデザインとセルフマネジメント　　　9
福祉職員としてのキャリアデザインと自己管理

第**2**章　福祉サービスの基本理念と倫理　　　21
福祉サービスの基本理念・倫理の基礎を理解する

第**3**章　メンバーシップ　　　33
組織の一員としてのフォロワーシップの醸成

第**4**章　能力開発　　　45
初任者としての能力開発

第**5**章　業務課題の解決と実践研究　　　57
業務を振り返り、問題解決の必要性を理解する

第**6**章　リスクマネジメント　　　69
福祉サービスとリスクマネジメント

第**7**章　チームアプローチと多職種連携・地域協働　　　81
組織のなかでの多職種連携・協働

第**8**章　組織運営管理　　　93
組織運営管理の基礎を知る

＊参考文献 …………………………………………………………………… 105
＊「事前学習およびプロフィールシート」………………………………… 107
＊「私のキャリアデザインシート」……………………………………… 111

キャリアデザインと
セルフマネジメント

第1章

福祉職員としての
キャリアデザインと自己管理

目 標

- ◉キャリアとは、「生涯を通じた職業人生経路」「時間軸で見た職業生活のパターン」を意味する言葉である。初任者としては、まずこの仕事を選択した自身の就労動機や志を振り返りながら、これから歩んでいくことになる福祉サービスの仕事の意味を考え、自身のこれからのキャリアを描いてもらいたい。
- ◉職業人生は、経験や努力の結果として、あるいは「偶然」の出会いの結果として拓かれていくこともある。しかし、大切なことは、何を目指し、どこを到達ゴールとして歩んでいくか、法人や事業所におけるキャリアパス（職員として歩んでいくことになる進路・道筋）を展望しながら、自身の可能性を開発していくことである。
- ◉第1章の目標は、初任者の役割を確認しながら、このステージでのキャリアデザインと自己管理のあり方を検討することである。

構 成

❶ 初任者の役割とキャリアを考える
❷ キャリアデザインの意義と必要性を理解する
❸ 自己期待と他者期待の融合を目指す
❹ 初任者として、自身のキャリアデザインを検討する
❺ 心身の健康管理の基本を理解し、自己管理を推進する

☕ *ティータイム* ……………………… 職場の人間関係を円滑に保つための心づかい

1 初任者の役割とキャリアを考える

1 福祉サービスの担い手として

　福祉サービスの担い手として職業人生のスタートを切ったいま、どのような思いで仕事に取り組んでいるだろうか。

　新卒者にとっては名実ともに職業人生のスタートであり、夢や期待がある半面、新しい環境に順応できるかどうか不安も多いだろう。他の職業領域を経験し、転職してきた初任者は、新卒者とは違った思いや志をもって職業人生のリスタート（再出発）を切ったことだろう。子育てを終え、あらためて職業人生へのトライを決意し、この道を選択した家庭人からの入職者はまた違った思いがあるかもしれない。

　福祉サービスに関して専門的に学び、専門資格等を取得してきた人もいれば、これから学び、経験を積んでいこうという人もいる。関わることになった事業領域は、高齢・障害・児童等それぞれ異なるものであり、担当することになった職種の違いもある。

●**職業人生の意義や目指す方向**：立場や経験の違いによって就労の動機や志、そして実際のサービス実践の場で感じることは人それぞれであるが、新たな職業人生の出発点に立った初任者として、まず2つのことを確認しておくことが大切である。1つは自身の就労動機や志であり、もう1つは福祉サービスの仕事についての意味づけである。この2つのことを確認することによってこれからの職業人生の意義や目指す方向が、これまで以上にハッキリしてくるはずである（**図表1－1参照**）。

●**キャリアとは**：「生涯を通じた職業人生経路」「時間軸で見た職業生活のパターン」を意味する言葉である。職業人生は、経験や努力の結果として、あるいは「偶然」の出会いの結果として拓かれていくこともある。しかし、大切なことは、何を目指し、どこを到達ゴールとして歩んでいくか、法人・事業所におけるキャリアパス（職員として歩んでいくことになる進路・道筋）を展望しながら、自身の可能性を開発していくことである。

2 自身の就労動機や志をあらためて確認する

　第1に確認しておきたい就労動機や志は、この仕事への「自己期待」（自身の思い）であり、仕事を継続していこうとする意思の源である。明確に意識化できているものもあれば、潜在的あるいは暗黙の意識もあるだろう。あらためて振り返り確認してほしい。

●**福祉の仕事への就労動機**：「生活のため、生きていくために仕事をする」「経済的に安定した豊かな生活を送りたい」という思いは大切な「自己期待」である。むしろ誰もが考える働くことの理由だといってよいだろう。

　だが、この仕事を志し、この職場で働こうと決意した動機は、それだけではなかったはずである。福祉サービスの仕事を志す人々は、次のような就労動機をもつ人が多いといわれる。

■働きがいのある仕事だと思ったから
■人や社会の役に立ちたいから
■今後もニーズが高まる仕事だから

■人と関わることが好きだから
■資格や技能を生かせる仕事だから
■自分に適している仕事だから
■福祉サービスの知識・技能が身につくから
■自分の成長につながるから

　上記のいくつかは自身の就労動機に重なるものがあるだろう。自身が福祉サービスの担い手を目指すことになった志である。志とは、「自身の信念や心のもち方のこと」をいい、「ある方向を目指す気持ちのこと」を意味する言葉である。初心の志を大切にしたいものである。

3　福祉サービスの意味づけを考える

　第2に確認してほしいことは、福祉サービスの仕事の意味づけである。福祉サービスは、「生活の支援を必要とする人々に対する」「専門的なサービス」である。

◉**福祉サービスの理念**：社会福祉法第3条は、「福祉サービスは、個人の尊厳の保持を旨とし、その内容は、福祉サービスの利用者が心身ともに健やかに育成され、又はその有する能力に応じ自立した日常生活を営むことができるように支援するものとして、良質かつ適切なものでなければならない」と規定している（詳しくは第2章参照）。福祉サービスは、ホテルやレストラン等の一般的な対人サービスとは違った固有の理念を実践するサービスである。

◉**福祉サービスの仕事の特性**：急速に進展する少子高齢化や福祉ニーズの多様化のなかで、福祉サービスの量的拡充と質的充実が求められている。自身が関わり実践していく仕事は、次のような特性をもった仕事であることを認識し、これからのキャリアを考えることが大切である。そうした仕事を目指したことの使命と誇りを確固たるものにしてほしい。
■社会の期待がますます大きくなる仕事である
■生活の支援を必要とする人々にとって不可欠な仕事である
■専門的サポートとホスピタリティ（思いやりの心）が必要な仕事である
■ひとりでは対応できない、チームケアと連携が必要な仕事である
■サービスの質の向上と効率性の確保がさらに求められる仕事である

●図表1－1　自身の仕事と福祉サービス実践の意味づけ

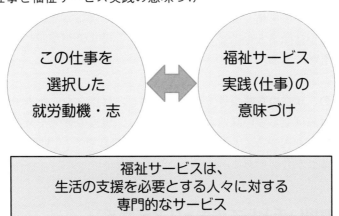

（著者作成）

キャリアデザインの意義と
必要性を理解する

1 キャリアデザインの意義を考える

　キャリアデザインとは、職業人生経路を「なりゆきまかせ」にするのではなく、過去から現在までの自分自身を振り返りながら未来を展望し、自身の職業人生のビジョンや目標、そこへ到達するためのシナリオを設計（デザイン）することである。

◉**自分のこれからのキャリアを描く**：職業人生は、通常40年から45年である。仮に40年と見れば1万4600日、時間に換算すると35万400時間の長い道程（みちのり）である。その道程は、決して平坦で直線的な経路ではなく、いくつかの節目があり、選択の岐路に立たされることもある。たった一度の職業人生である。自身の可能性を最大限に生かし、充実したものにしたいという思いは誰もが感じることだろう。自身にふさわしいこれからのキャリアを描くことが大切である。

2 「過去・現在・未来」の時間軸で発想する

　キャリアは、「過去・現在・未来」の時間軸として捉えられるものである。まず、自身の過去のキャリアに率直に目を向けてみる。過去にどのようなことを経験し、学び、培ってきたのかを振り返ることによって、自己イメージが明確になってくるはずである。過去はやり直しのきかない、変えることのできない事実であるが、見方によって見え方が変わってくるものである。

◉**過去への率直な、積極的な評価**：例えば、逆境のなかでの苦しかった経験や挫折といったキャリアがあったとしても、その時期に自律心や忍耐力を培うことができたという見方ができるかもしれない。あるいは、ネガティブに捉えざるを得なかった学校での進路指導が、専門資格を取得し、資格を生かせる仕事についたことで積極的に評価できるキャリアとして見えてくることもあるだろう。

◉**キャリアの時間軸としての未来**：未来は可能性である。社会全体が不確実となり、先行きを見通すことが難しい時代になっている。したがって、10年、20年、新卒者であれば40年以上も先に到達する未来のキャリアを描くということは、現実的ではないという思いがあるかもしれない。しかし、人生あるいは職業人生にビジョンや目標、シナリオがないというのは、目的地をもたない航海のようなものである。

◉**過去・未来からの、現在の意味づけ**：過去を評価し、目標をもった未来を描くことによって、現在、取り組まなければならない課題が明確になるし、現実の苦労や努力の意味づけができるようになるものである。ただやみくもに「がんばろう」ではなく、「目標に向かってがんばろう」という意思をもつことが大切である。

3 福祉サービスの担い手としてのキャリアデザイン

　福祉サービスの担い手としてのキャリアは、「専門職としてのキャリア」と「チームケアの一員としてのキャリア」の2つの側面に着目し、考えるのが適切である。

◉**専門職としてのキャリア**：専門資格の取得やその資格の活用と深化、新たな専門資格の取得といったことに象徴される専門スキル・実践能力に関するキャリアであり、専門資格取得、エキスパート、スキルリーダーといったキャリアパスで自身の専門性を究め、活用していくという進路・道筋である。

◉**チームケアの一員としてのキャリア**：経験を積みながら組織のなかでどのような職位・職責・職務内容を担っていくかの進路・道筋である。一般的には、中堅職員、チームリーダー、管理職員、上級管理者等のキャリアパスが想定される。各キャリアパスのステージで求められる役割行動を適切に遂行していくために、広い意味でのメンバーシップの醸成やリーダーシップの開発が期待される。

◉**初任者のキャリアステージ（特に新卒者）**：初任者は、福祉サービスの担い手としての理念や倫理を押さえ、社会人・職業人・組織人としての意識を養うことが大切である。専門的なサービスの担い手であり、社会や組織を構成する一員であるという自覚をもち、求められる役割行動を正しく認識し、実践できるようになるための基本の習得が必要になる。指示・指導を受けながらも職場生活に順応し、担当する仕事を問題なく処理できるようになることが当面の自己期待（自身の思い）であり、職場や上司の他者期待（求められる役割行動）である。

◉**キャリアデザインで大切なこと**：現在のステージで求められる役割や自己啓発課題を明確にし、その「準備」を整え、さまざまな「遭遇」（出来事）を経験しながら、このステージに「順応」し、「安定化」への経路を展望することである。同時に、中長期のビジョンを描きながら、次のステージへの基礎づくり（「準備」）を行うことである。

　新卒者と転職してきた初任者、年齢階層・性差などによって、職業人生の時間幅（現在のポジショニング）は異なるものである。一人ひとりが、それぞれのキャリアの時間幅を押さえながら、自身のキャリアデザインに取り組んでもらいたい（**図表1－2参照**）。

●図表1－2　ライフキャリアとワークキャリアの時間幅（過去・現在・未来の時間軸で考える）

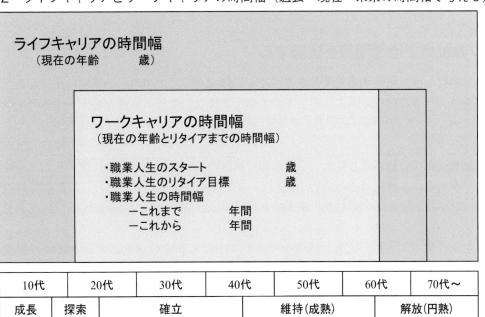

（D.E.スーパーのキャリア発達段階を参考に著者作成）

自己期待と他者期待の融合を目指す

1 個人の視点と組織の視点でキャリアを考える

職業人生のキャリアは、個人の視点と組織の視点との両面で捉えておく必要がある。次のように考えてみてはどうだろう。

◉**個人の視点**：人は仕事を通じて自身の生活を支えていかなければならないし、働くことや社会で活躍することに高い意欲や能力があったとしても、その意欲や能力を発揮する場や機会を得ることができなければ、自己実現することはできない。これが仕事につき、組織の一員となることの意義であり、初任者はいま、福祉サービスの仕事を選択することになったのである。

◉**組織の視点**：組織としての法人・事業所は、福祉サービスを組織的に提供していくことを目的とするものである。そこに参加する一人ひとりの職員の役割や職責・職務を明確にし、協働と連携の活動を組織化することによって、その目的を達成することが可能になる。そのためには個人の職務遂行能力を高め、活かしていかなければならない。

◉**自己期待と他者期待の融合**：組織のなかで働く個人の側から見れば、組織活動を通じて自己期待（自身の思い）を充足し、自己実現を図ることが期待される。また組織の側から見れば、一人ひとりの職員がそれぞれの役割や職責・職務を自覚し、利用者や組織が求める他者期待の実現を目指して意欲的に活動し、成果に貢献することが期待されるのである（**図表1－3**参照）。

福祉サービスは、利用者にとって必要なサービスを必要なときに適切に提供しなければならない。チームとしての対応を必要とする仕事であり、協働や連携が不可欠である。どんなに高い使命感や優れた専門性をもった担い手であったとしても、一人では完結することができない仕事であることを認識しておくことが大切である。

2 3つの視点で他者期待を認識する

他者期待とは、関係する人々のさまざまな期待である。上司や先輩職員の期待があり、組織の期待があり、社会の期待がある。そして、大切な期待は、生活の支援を必要とする利用者の期待である。次の3つの視点を押さえておくことが大切である。

◉**福祉サービスの担い手として**：事業種別や職種の違いを超えて共通に求められる期待（あるべき姿）がある。本書ではその内容を図表1－4の枠組みで捉えることとし、職務階層のキャリアパスに対応し、示すことにした。基本的な枠組みは、「基軸科目」「基礎科目」「啓発科目」としている。

キャリアパスの節目ごとに自身のキャリアデザインを自律的に考えるための視点を「基軸科目」で示し、「基礎科目」では福祉サービスの担い手、組織の一員として求められる理念や倫理、メンバーシップやリーダーシップを位置づけ、さらに「啓発科目」として求められる役割行動や自己啓発課題を示している。

◉**組織の一員として**：所属する法人・事業所が求める他者期待がある。組織には固有の使命・目的・機能があり、基本理念や方針、サービス目標がある。大切にしたい価値観や期待する職員像、サービス実践の指針といったものがある。就業規則に代表されるさまざまな規則もあるだろう。これらは、多様な価値観や欲求、成熟レベルにある複数の構成員を組織として一体化するための規範である。所属構成員は、その内容を理解し、体現していくことが求められる。組織の歴史や仕組みを理解することも必要である。

◉**チームの一員として**：担当する仕事に関して求められる期待である。仕事は自分の思いや力量の範囲で進めてよいものではない。日々繰り返し行う仕事については、組織のなかで培われてきた業務標準（マニュアルや手順書、あるいはチームで共有している経験知）があるし、さらにその仕事をよりよくするための目標や計画がある。チームの一員として確実に仕事を遂行していくためには、そうした内容の理解が不可欠である。

◉**初任者の目標**：初任者のキャリアステージでは、こうした他者期待に対応し、「自信と関係性を培う」ことが大切な目標になる。自信をつけるためには、指示・指導を受けながらも担当業務や役割を理解し、適切に実践していくことである。利用者の安全や安心を損なうことのないよう基本的な事項はしっかり習得していかなければならない。同時に「関係性を培う」必要がある。職場生活に馴染み、順応していくためには人間関係の形成が大切である。一人ひとりの人格や個性を尊重しながら、コミュニケーションを円滑にとり、課題や目標に向かうチームワークに参画していかなければならない。

●図表１－３　組織におけるキャリアの考え方（自己期待と他者期待の融合を目指す）

（E.H.シャインの考え方を参考に著者作成）

●図表１－４　キャリアパス対応生涯研修課程（科目概念図）

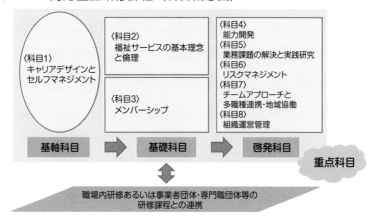

（著者作成）

初任者として、自身のキャリアデザインを検討する

1 初任者としてのキャリアデザインを考える

◉**キャリアデザイン**：自身のキャリアを振り返りながら自己イメージを明確にし、これからのキャリアの進路・道筋を描くことである。1年後、2年後、そして5年後、10年後を見据えて、いまどのような職業人生経路がイメージできるだろうか。

　それぞれの現状をふまえて、この機会に自身のこれからのキャリアを考えてみてほしい。すでに描いている人はそのイメージを確かなものとするために、また、具体的イメージが整っていないという人は思いや意思を明確にするために、そして、考えたこともなかったという人は考える機会にしてほしい（**図表1-5**および巻末の「私のキャリアデザインシート」参照）。

2 4つの問いで自己イメージを明確にする

　まず、最初に次の4つの問いに答え、自己イメージを明確にしてみよう。

◉**できることは何か（持ち味・能力）**：これまでのキャリアのなかで経験し、学び、培ってきたもの。自身の性格やパーソナリティ、周囲の人からフィードバックされるポジティブな部分や強み・持ち味をリストアップすることである。

◉**やりたいことは何か（動機・欲求）**：動機や欲求は内的なものであるし、仕事の経験が浅い初任者にとっては難しい問いであるかもしれない。しかし、難しく考えるのではなく、「こんなことをしてみたい」「実現できればうれしいだろう」「喜んでもらえるだろう」と思われる項目をリストアップすることである。

◉**意味を感ずることは何か（志・価値観）**：「仕事で達成したいこと」「時間とエネルギーを十分かけてもよいと思うこと」「人の役に立つだろうと思うこと」等をリストアップすることである。福祉サービスの仕事を選択した就労動機や志に関連する項目がリストアップされるかもしれない。

◉**どのような関係をつくり、生かしたいか（関係性）**：他者との関係や関わり方についての問いである。所属するチームの上司・先輩職員・同僚、他のチーム・他部門、利用者やその家族、地域の関係機関や他組織、そして、身近な友人など、関係する人々や機関は多様であるが、特に関係を深め、生かしたいと思うことをリストアップすることである。

　次に、「私のキャリアメッセージ」（いまの気持ち、これからの私）について作文を書いてみる。人生（ここでは職業人生）は、自作自演の物語であるともいえる。自身が主役であり、自身が創作していくものである。キャリアメッセージとしては、福祉サービスの仕事を志すことになったきっかけや、すでに記述した4つの問いに関連することが題材になるかもしれないし、未来の夢や希望を描くことになるかもしれない。「いま、ここでの気持ち」を率直に表現することによって、さらに自己イメージと未来への意思が明確になってくる。

3 キャリアビジョンを描き、アクションプランを策定する

　自身のキャリアビジョンを描いてみる。キャリアビジョンとは、5年後、10年後、さらに中長期の視点で自身の職業人生経路の到達イメージを描くことである。自己イメージを明確にするための「4つの問い」を前提に、次の4つの項目についてこれから取り組みたいことをリストアップしてみる。福祉サービスの担い手、所属する組織の一員、担当する仕事やチームの一員に求められる他者期待との融合の視点をもちながら検討することが大切である。

■利用者やその家族との関わりについて
■組織やチームの一員として
■地域や関係機関との関わりについて
■自身の能力開発や資格取得について

◎**当面の重点目標とアクションプラン**：上記4項目のビジョンを前提に、1年から3年をめどに重点目標を2〜3項目設定し、具体的なアクションプラン（実現のためのシナリオ）を策定する。それぞれの目標には到達ゴール（水準と期限）を設定する必要がある。目標は、挑戦的で、しかも達成可能なレベルで設定することが大切であるし、何よりも自身が納得できるものであることが重要である。

　目標は公開することによって、組織の上司や関係者から支援を受けることが可能になる。積極的に開示し、指導・支援を受けたいものである。

●図表1-5　キャリアデザイン4つの問い（他者期待の認知を前提として）

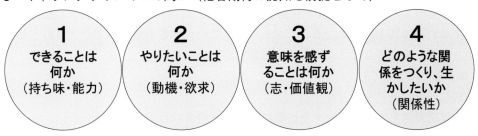

（E.H.シャイン、M.アーサーの考え方を参考に著者作成）

※福祉職員キャリアパス対応生涯研修課程受講にあたっては「事前学習およびプロフィールシート」（巻末参照）を作成してくることが条件となります。この節は「Ⅱ　自己のプロフィールシート」を記入するにあたっての具体的な指標を示しています。

心身の健康管理の基本を理解し、自己管理を推進する

1 心身の健康管理の基本を考える

　新しい環境のなかで仕事を始めることになった初任者は、誰もがおそらく心身の疲労を感じていることだろう。社会人、職業人、組織人として自身の健康を管理し、心身ともに健全な状態を維持し、社会的にも良好な状態を継続していきたいものである。
　そのために留意しておきたいいくつかのポイントをあげておこう。

● **休養をとろう**：「休養」とは、その日の疲れをとるだけでなく、明日の活力を蓄えるという働きをもっている。仕事から離れ、適切に休暇をとり、好きな趣味の時間やスポーツに参加するのもよい。
　誰にでもでき、誰にでも必要な休養が「睡眠」である。学生から社会人となり、特にシフト制の勤務に入ると生活リズムが変わり、睡眠をとるサイクルが乱れがちになることがある。そのため、自分らしい睡眠のとり方を工夫し、習慣づけていこう。
　■寝る直前の食事やお酒は控える
　■興奮するようなテレビやゲーム、インターネットは控える
　■部屋の照明を落とし、昼間に睡眠をとる場合は遮光カーテン等で工夫する
　■好きな香り、好きな音楽、趣味の雑誌等で心を安らかにする
　■眠たくなったら寝る

● **栄養をとろう**：「栄養」は、人が活動していくうえで、必要なエネルギーとなり、健康な身体を維持するための基本的要素である。つまり、日頃の食べものや食べ方が、活動や健康を維持できるか、体調を崩してしまうかに大きく影響するものである。
　《食べるものについて》
　■年齢に応じた適量を知ろう
　■体重は消費エネルギーに対する摂取エネルギーのよい目安である
　■塩分は控えめに
　■外食が多い、食事が偏っている場合は、意識して野菜をとろう
　　（「健康日本21」では、野菜を1日あたり350グラム以上とることを目標としている。トマト1/2個が100グラムの目安となる）
　《食べ方について》
　■一日一食は誰かとゆっくり食事しよう
　■朝食を抜くと栄養バランスが崩れる原因に。そして空腹では仕事がはかどらない

2 ストレス耐性を養い、自己管理を徹底する

● **ストレスとは**：精神的・身体的にかかる負荷のことをいい、そのストレスの原因を「ストレス要因」や「ストレッサー」というが、仕事にはストレスがつきものといってよい。「ストレスがたまった」と否定的に使うことが多いが、仕事をしていくうえで、一定程度のストレスは仕事の効率を上げ、人を成長させる原動力になる。しかしながら、適度な量を超えると仕事の効率を下げてしまい、心身の健康状態に悪影響を及ぼすことになりかねない（**図表1−6**参照）。

◉**ストレスへの対し方**：同じことが起きていても、感じ方、受け止め方は人によって違い、ストレスと感じる人もいればストレスと感じない人もいる。ならば、できるだけストレスと感じないようにいられること、ストレスと感じてもうまく対処していけるよう自己管理していく力を養っていけばよいということになる。

　ある出来事に対してストレスと感じるのは、その人の考え方や価値観によるところが大きい。そのため、変えることのできないもの（状況や他人）に対してストレスを感じるのであれば、自分の考えを少し変えてみる。他人を変えられないのであれば、自分が変わればよいと考える。また、仕事にはストレスがつきものであり、このストレスが自身の成長につながるのだと認識してみる。

　ストレスを感じたら、例えば、3分休憩をはさみ、ゆっくり、大きく深呼吸をして気持ちを整える。仕事では、いくら考えても、すぐに解決できないこともある。時には、明日考えようと発想してみることも重要である。そして、仕事から離れて、同僚や家族と会話を楽しみ、15分から30分程度のウオーキングやストレッチなどで気分を転換して、明日に備えるとよい。

3　豊かな職業人生を目指して

　いまの役割を責任もって果たしていくために、そして長い職業人生経路を良好に歩んでいくためには、周りの人々（家族、上司、同僚、友人等）の支援を受けながら、心身ともに健康な状態を維持できるよう自己管理していくことが求められる。心身の健康を保持し、仕事に取り組み、組織や社会の一員として貢献し、認められる人材となることこそが、「健康」の定義にある「社会的に完全に良好な状態」（WHOの定義）を保持することになるものである。

◉**仕事に対する自己肯定感をもつ**：目の前にある仕事に取り組み、時には困難な状況を克服し、成功体験、失敗体験ともに経験を積み重ねていくことにより、人は大きく成長することができる。そして、新たな発想や技術、他の業界における優れた事例などにも興味・関心をもつことが、自己の職業人生を豊かにしていくのである。

●図表1-6　ストレスと仕事の効率

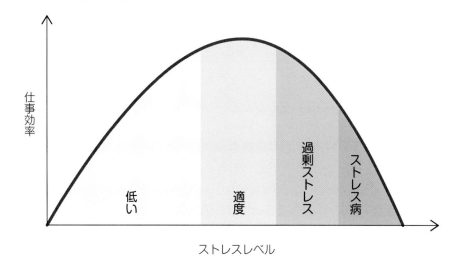

（著者作成）

職場の人間関係を円滑に保つための心づかい

職場の人間関係を円滑に保つための心づかいについて考えてみよう。

必要な心づかい	ポイント
すすんで明るく、爽やかなあいさつを	あいさつは人間関係の第一歩。「オ・ア・シ・ス」で潤いのある関係づくりを。「おはようございます」「ありがとうございます」「しつれいします」「すみません」
真摯な姿勢で仕事に取り組む	姿勢は態度で表現することが大切。始業5分前までには出勤し、仕事の準備をしておく。
引き受けた仕事は気持ちよく	イヤイヤ仕事をやったのでは自分の進歩につながらないし、頼んだ人にも失礼。
返事は「ハイ」と明るく	呼ばれても黙っていることは、呼んだ人に対して失礼。「ハイ」の返事でやる気が醸成される。
公私混同は絶対にしない	組織の資産（ヒト・モノ・カネ・トキ・シラセ）を私的に使ってはならない。信用を失う。
「ありがとう」をいつも忘れずに	誰に対しても感謝の気持ちを忘れず、他の人の協力には必ず感謝の言葉を。
約束は必ず守る	「何を、いつまでにやります」と約束したことができなければ、信頼関係は生まれない。
席を離れるときは、必ず行き先を	「どこへ行き、いつ帰る」を明示しておかないと周囲の人に迷惑をかける。
一日の終わりを明日につなげる	仕事が終わったらけじめをつけ、次の日にすぐ仕事にかかれる準備をしておく。
常に向上心をもつ	職場の人間関係を豊かにするためには自己研鑽が欠かせない。昨日よりは今日、今日よりは明日と、たゆまぬ向上心をもつことで新たな関係が生まれる。

対人サービスの基本としての「SGNT」を心がける

＊S：スマイル（笑顔）いつも爽やかな笑顔で

＊G：グリーティング（あいさつ）元気に、明るく、爽やかなあいさつを

＊N：ネーム（固有名詞）固有名詞で声かけを

＊T：サンクス（感謝）「ありがとうございます」の感謝の表現を

第2章

福祉サービスの基本理念と倫理

福祉サービスの基本理念・倫理の基礎を理解する

目標

● 社会福祉制度、法律の基本理念を正しく理解し、福祉職員として求められる行動規範と倫理を身につけることを目指す。
● 自らの仕事を滞りなく行い、また、上司の指示を理解し、求められる水準の業務を遂行するための社会福祉に関する基礎知識、基礎用語を学ぶ。

構成

❶ 福祉サービスの基本理念を理解する
❷ 利用者の尊厳の保持と権利擁護について理解する
❸ 福祉ニーズの基本構造とニーズ把握の方法を理解する
❹ 福祉サービスの特性と業務を理解する
❺ 福祉職員の職業倫理を理解する

☕ *ティータイム* ……………………………………… 仕事は記録に始まり、記録に終わる

1 福祉サービスの基本理念を理解する

1 福祉サービスの基本理念を理解する

　福祉サービスは、人間が本来もつ生きる希望と独自の力を引き出し、人が生涯にわたり自分自身の尊厳をもって、豊かな生活を実現できるように支援することが求められる。

　人は、誰でも、その人らしく生活する権利がある。今日はどこで何をしよう、誰と会おう、夕食に何を食べようといった細かいことから、将来、どんな技術を身につけよう、どのような仕事につこう、誰とどこでどのように暮らすかとか、あるいはキャリアをどのようにデザインするかなどの長期的なことも、基本的にはその人が自由に決めるものである。

　ところが、長い人生の中では、生活上の困難を抱えることも起こりうる。社会福祉は生活を継続する上で必要な衣食住を確保できない人の救済から制度として発展してきた。一方で社会の変化によって家族構成や生活が変わることにより、社会福祉は個人や家族の生活を支える支援へと広がっている。

◉**社会福祉の根拠となる憲法**：人が希望をもって生きることを支援する福祉サービスの根拠となるのが憲法である。第三章　「国民の権利及び義務」において、第13条には「すべて国民は、個人として尊重される。」と記述されており、さらに居住や移転、職業選択について、第22条では、「何人も、公共の福祉に反しない限り、居住、移転及び職業選択の自由を有する。」とされている。そして第25条には、「すべて国民は、健康で文化的な最低限度の生活を営む権利を有する。」そして、「国は、すべての生活部面について、社会福祉、社会保障及び公衆衛生の向上及び増進に努めなければならない。」と生存権と国の責務が規定されており、社会福祉制度の根拠となっている。

◉**社会福祉法**：社会福祉を実際に推進するために、社会福祉法という法律が定められている。社会福祉法は「地域における社会福祉（地域福祉）の増進に資すること」を法律の目的とし、同法第4条第1項では「地域福祉の推進は、地域住民が相互に人格と個性を尊重し合いながら、参加し、共生する地域社会の実現を目指して行わなければならない」と規定している。さらに同法第3条には、「福祉サービスは、個人の尊厳の保持を旨とし、その内容は、福祉サービスの利用者が心身ともに健やかに育成され、又はその有する能力に応じ自立した日常生活を営むことができるように支援するものとして、良質かつ適切なものでなければならない。」という基本理念が記されており、初任者としてはその内容を確認し、理解することが大切である。

◉**その他の社会福祉に関する法律**：社会福祉法の他に、対象者を特定した法律として、老人福祉法や児童福祉法、生活保護法、身体障害者福祉法、知的障害者福祉法、母子及び父子並びに寡婦福祉法などがあり、サービスの提供および費用の徴収などに関する法律として介護保険法や障害者総合支援法などがある。それぞれの法律に基づいて、社会福祉制度が定められているので、各法律の内容を知るとともに、自らの業務がどの法律に位置づけられたものなのかを確認しておく必要がある。

2 それぞれの立場で「福祉の現場」を受けとめる

　福祉サービスを利用する事情は、利用者によってさまざまであることを福祉職員は理解する必要がある。自ら進んで利用している人、中には本意ではないけれど、必要に迫られて利用している人

もいることは十分に想定される。福祉職員は、利用者の個別の状況を理解した上で業務に当たることが求められる。

●**利用者の立場から**：サービスを利用する立場にある利用者から見ると、福祉の現場は生活の場である。高齢者対象の入所施設などの場合は、単に生活の場だけでなく、長い人生の最後を過ごす場、終の棲み処であるかもしれない。

●**福祉職員の立場から**：福祉職員が働く福祉の現場は幾通りかの側面をもっている。福祉職員を主体に考えると、福祉の現場は仕事をする場である。社会福祉法や社会福祉制度から考えるならば、法や制度が目指す理念を実践する場といえよう。

　また、社会ニーズに応じて法律や制度は改正されるため、自身の業務に関わる法律や制度には注意を払うことが求められる。

3 福祉職員に求められる基本的役割と姿勢

　福祉の現場は生活の場であり、日々、さまざまなことが発生する。そこで暮らす利用者が、今までの暮らしぶりを継続できるように支援を心がける必要がある。その際には利用者がそれぞれもっている力を活用し、自立した生活を維持できたり、それに近づけたりすることが求められる。福祉職員には、そうした支援をするために豊富な知識と質の高い支援技術が求められる。

●**地域の一員としての法人・事業所**：福祉サービス利用者は地域のなかで生活している人でもある。事業所や施設が地域社会の一員として地域との交流を保ちながら存在することが必要である。

●**福祉職員に求められる5つのポイント**：図表2－1は福祉職員に求められる5つのポイントである。いずれも福祉の仕事に就く際の基本的な項目である。自らの仕事と照らし合わせて自分自身の仕事を確認してみてはどうだろうか。

●図表2－1　福祉職員に求められる5つのポイント

①利用者の権利、人権を保障する 　＊憲法第13条では国民が個人として尊重され、幸福を追求する権利を尊重すること。そして、同14条第1項ではすべての国民は法の下で平等であることが明記されている。 　＊また、憲法第25条では、すべての国民は健康で文化的な最低限度の生活を営む権利があるとされており、福祉職員はこれらの原則に則り業務を遂行しなければならない。 ②利用者の秘密保持 　＊福祉職員はその業務において知り得た情報を、利用者の同意なく利用者の福祉の向上に必要とされる範囲を超えて第三者に提供してはならない。利用者のプライバシー保護の基本原則である。 ③利用者の代弁者 　＊福祉職員は、利用者の個別性を重視し、利用者の状況を受容し、その利用者に最も適したサービスの提供を行わなければならない。 　＊福祉サービスの利用者は自分自身で状況を伝えられない状態にあることも珍しくない。福祉職員は利用者の状況を判断し、真のニーズの代弁者となることが求められる。 ④専門知識・技術の向上 　＊サービス利用者が直面している問題を直視し、それが解決できる技術、知識の習得と向上に努めなければならない。 ⑤社会への働きかけ 　＊福祉職員は、利用者への支援を通して、福祉の現場での課題を行政や社会に発言し、利用者の抱える問題を社会で解決できるように働きかけなければならない。

（著者作成）

利用者の尊厳の保持と権利擁護について理解する

1 福祉サービスの利用者を理解する基本的視点

　福祉サービスを利用する人を「福祉サービスの利用者」と呼ぶが、福祉サービスの利用者の多くには、福祉サービスを利用する以前の生活がある。例えば、親やきょうだいと一緒に生活していたとき、いきいきと仕事をして働いていたとき、人生の伴侶を見つけ自らの家庭を築いたときなど、それぞれの人に生活歴がある。

　福祉職員は利用者の多様な生活歴を理解し、支援する場合にもそれを尊重する姿勢が求められる。

◉**さまざまな利用者**：福祉職員は仕事をするなかで、さまざまな利用者に出会うだろう。スムーズにサービスが受け入れられるケースもあれば、気難しい人や、要求が多い人、コミュニケーションがとりづらい人もいるかもしれない。そのようなとき、「困った利用者」と捉えるのではなく、相手の生活歴や、性格も理解し、その行動の背景を理解する必要がある。例えば、利用者が職員に暴力をふるうのは、思いが職員に伝わらないことで起きているかもしれない。私たちは、その人を「困った課題を抱えている人」と捉え、本人の困り感に寄り添っていくことが求められる。

◉**利用者の意欲や意見にも目を向ける**：福祉サービス利用者の現状がこの先も同じように続くとは限らない。時にはいま利用しているサービスは不要になることもあるかもしれない。すなわち現在だけでなく、利用者の将来の姿や生活を見通すことも重要である。また、利用者の障害や不自由な面だけではなく、その人の意欲や意思にも目を向け、支援することも大切である。

◉**利用者を過去・現在・未来の時間軸で見る**：このように、福祉職員は、福祉サービスを利用するという側面だけで利用者を捉えるのではなく、利用者の人生や生活に着目しなければならない。つまり、利用者をいま現在、目の前にいる姿だけでなく、過去・現在・未来の時間軸で捉え、理解しようとすることが必要である（図表2－2参照）。

2 人権と尊厳について理解する

　障害等によって、経済的活動から排除され社会参加や自己実現といった全ての人々が有する権利の行使ができないことが現在でも見受けられる。しかし、本来、人はいかなる障害等があっても個人として尊重され、幸福を追求する権利を有し、そして、法の下で平等が保障されている。憲法では、それらに加え健康で文化的な最低限度の生活を営む権利を保障している。

　人は元気なときもあれば、そうでないときもある。人は日常的に変化する存在である。そうした、人の多様な面を尊重し、どのような状態にあっても、障害があってもなくても、社会的に排除されることなく、個人としての尊厳を失わず生活をしていく権利をもっている。どんな障害をもっていたとしても、社会がそのことを実態として把握し、受け入れ、そして障害の有無によって差をつけることなく、平等に対応しなければならない。

◉**ソーシャルインクルージョン**：人それぞれの多様性を認め合い、地域社会における構成員として受け入れ、誰もが排除されることなく生活できる社会を構築することをソーシャルインクルー

ジョン（社会的包摂）と呼ぶ。福祉職員はそうした共に生きる社会の実現に向けて福祉サービス利用者に接することが求められる。

◉**世界人権宣言**：1948（昭和23）年の第5回国連総会において、世界人権宣言が採択された。「すべての人民とすべての国とが達成すべき共通の基準」を宣言したものであり、人権の歴史において重要な地位を占めている。

◉**利用者の人格・意向を尊重したサービス提供**：社会福祉においても、利用者の人権、尊厳は最優先されるものである。利用者の人格を尊重し、利用者の意向を十分に尊重したうえで、福祉サービスの提供を行わなければならない。利用者がどのような状態であっても、その人が人として価値ある生活が実現できるように支援することが社会福祉の役割であり、その役割に基づいて福祉サービスも提供されるべきものである。

3 権利擁護とアドボカシーの考え方を知る

福祉サービスは利用者の人権と尊厳を尊重し、その権利に基づいて行われなければならない。福祉職員はただサービスを提供するのではなく、利用者の立場に立ち、利用者の権利の保障やニーズを代弁し、利用者のエージェント（代理人）として機能する必要がある。こうした行為をアドボカシーと呼ぶ。

◉**アドボカシー**：アドボカシーは個別の人への権利擁護だけにとどまらず、支援を求める集団に対する権利擁護の機能をもたなければならない。一人ひとりの利用者の権利を擁護することを「ケースアドボカシー」と呼び、支援を必要とする集団の権利擁護をする場合を「クラスアドボカシー」と呼ぶ。

●図表2-2　利用者を過去・現在・未来の時間軸で理解する

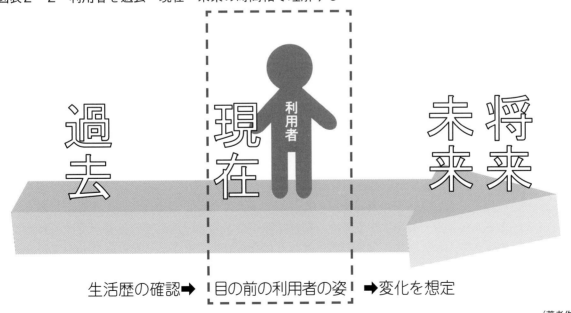

生活歴の確認 ➡　目の前の利用者の姿　➡ 変化を想定

（著者作成）

3 福祉ニーズの基本構造とニーズ把握の方法を理解する

1 福祉ニーズとは何かを考える

　人々の生活は、多種多様な要素で形づくられている。健康状態や身体機能の状態、人間関係や社会活動への参加の状況、生きがいや意欲など、生活をとりまく事柄は人によって異なり、それらがその人固有の人生を構成している。通常、人は、特に支援を必要としない状況であれば、自ら考え、行動し生活を送っている。しかし生活に困りごとが生じ、介護などが必要な状態になったとき、どのような手立てで困りごとを解決していくかを本人と支援者が一緒に考えることになる。

　福祉ニーズとは「生活するために必要なもの」を意味し、福祉サービスによる支援が求められる。ニーズは利用者本人から訴えられるものもあるが、憲法に保障された健康で文化的な最低限度の生活水準を維持するために、専門家などの視点から導かれるニーズもある（**図表2-3参照**）。ニーズの捉え方は一通りではなく、研究者や福祉専門職によっても分かれる。本人や支援者が気づかないニーズを、福祉職員が専門的な知見で見つけ出して支援に結びつけることが重要である。

2 アセスメントを理解する

　福祉職員が福祉サービスの利用計画を立てるにあたっては、利用者の心身の状況、その置かれている環境、福祉サービスの利用状況や利用者の希望する生活など、利用者の情報を総合的に把握することが必要である。利用者のいまの姿を把握することを、アセスメントと呼んでいる。

　アセスメントを進めるに当たっては、利用者の身体面、心理面、生活環境の状況をくみ取ることが重要である。また、現状に加えて生活履歴や将来像を見据えてアセスメントすることが大切である。アセスメントには、情報を収集する段階、情報分析する段階、分析結果から支援計画を作成する知見を導き出す段階がある。

●**アセスメント事例（課題）**：ある特別養護老人ホームで、職員に暴言を吐いたり暴力をふるったりする利用者Aさんがいた。職員は、他の利用者と変わらない普段どおりの支援を行っている。にもかかわらず、Aさんとは信頼関係を築くことができず、その結果、日々の支援もうまくいかず、非常に困っていた。

（対応）：Aさんの生活歴を振り返ると、Aさんは元医師で、現役時代は後輩医師や看護師を束ねるリーダーとして多くの患者の治療に携わっていた。退職後も、家ではAさんが決めたことに反対する人はなく、常にAさん中心の亭主関白で、威厳のある父親であったことがわかった。

　職員はその生活履歴を見て、Aさんに接する際の対応を変えてみた。声かけをより丁寧にしたり、些細なこともAさんの意見を聞いたりして決めるように心がけた。そうした対応を続けると、Aさんの暴言や暴力は影を潜め、精神状態が落ち着き、施設での支援を受け入れるようになった。Aさんは入所後、自分の思いどおりにならないことがあったり、自分が支援の必要な「高齢者」として扱われたりすることがストレスになっていたようである。しかし、以前と同じようにAさんを中心として物事を進める対応を行うことによって、自分らしさを取り戻し、その結果、問題となった行動が収まり、静かにAさんのペースで生活ができるようになったのである。

　このように、アセスメントで得た情報はただ集めるだけでなく、分析し、さらに分析した結果を統合することによって利用者の理解を深めることができる。

◉**利用者の情報収集・分析・知見**：支援をはじめる前から、その利用者についての情報が体系的にそろっていることは少ない。福祉職員は、利用者との面接や日頃の何げない会話を通して、あるいは必要に応じて家族や他の関係者・関係機関と連携をとるなどして、利用者についての情報を集めることが必要である。利用者の周りにちりばめられた情報を集め、1つの知見を得ることができれば、アセスメントは機能したといえる。そのためアセスメントは、初任者にとって少し難しい作業であるが、支援を行ううえで重要な業務であり、専門書などの文献を参照し、理解を深めておくと仕事がしやすくなる。

3 エコマップを活用して利用者サービスを検討する

◉**エコマップとその活用**：情報を基に利用者サービスを検討したり、支援計画を立てたりするためには、集めた情報をわかりやすくまとめることが必要である。そのようなとき、見聞きした内容を図に描いて整理すると直感的に利用者の状況がわかる。福祉支援の現場でよく使われるエコマップを活用する方法がある。"エコマップ"は、利用者本人と本人をとりまく家族や関係機関、関係者の状況を図示するものである。エコマップを使うと、利用者をとりまく生活環境をまるで鳥が空から地上を眺めるように把握でき、集めた情報を視覚的に把握することができる。

　福祉サービス利用者には家族も福祉サービスを利用しているケースがあり、複合的なサービス支援が行われていることもある。エコマップは、そうした場合に、どの家族にどういった支援が行われているかを直感的かつ客観的に理解するのにも役立つ。

◉**エコマップで利用者の変化を予測**：エコマップに、時間の経過による利用者の変化を記述することで、現状の課題に加え、近い将来なんらかの手立てをしなければならない課題を見つけ出すことも可能となる。例えば、高齢者世帯で、夫婦のどちらかが要介護の場合、介護者の状態についてもエコマップで記録することによって、介護者の変化を予測的に把握でき、そのことを視野に入れた支援計画を立てることができる。（第7章第5節**図表7－7**参照）。

●図表2－3　問題発見と社会的対応のメカニズム

A群 ＋当事者・家族はニーズに気づいている ＋近隣の住民、親族、第三者はニーズに気づいている	C群 ＋当事者・家族はニーズに気づいている －社会的情報・資源の利用法を知らない －近隣の住民、親族、第三者はニーズに気づかない
B群 －当事者・家族はニーズに気づいていない ＋近隣の住民、親族、第三者がニーズに気づいている	D群 －当事者・家族はニーズに気づいていない －近隣の住民、親族、第三者もニーズに気づいていない －適切な情報・資源がない

(山崎美貴子『社会福祉援助活動における方法と主体』相川書房、2003年、312頁)

福祉サービスの特性と業務を理解する

1 福祉サービスの特性を理解する

福祉サービスは対人サービスの一種である。対人サービスには以下のような特性がある。

《対人サービスに共通の特性》
■提供されるサービスには形がない
■需要に応じてサービスがつくられ、その場で利用される
■一度受けたサービスは返品することができない
■品質が利用者とサービス提供者の人間関係やサービス提供者の技量によって変わる

●**対人サービスの特性**：形のあるモノを提供する場合と違い、形がないサービスを提供する場合に留意しなければならないことがある。対人サービスは利用者の要請に応じて提供され、提供される場で利用される。また、一度受けたサービスは品質に問題があっても返品することができない。物品のように使う前に吟味したうえで購入することができない。実際にサービスを購入して利用してみなければその良否がわからない。

●**サービスの品質管理の重要性**：サービスの品質は提供する側と受ける側の関係に左右されることがあり、客観的に評価することが難しい。そのため対人サービスは品質の管理のあり方、方法が重要な課題となる。その品質管理を自ら行う1つの方法が、第5章の業務課題の解決と実践研究の取り組みである。

●**福祉サービスの特性**：福祉サービスは利用者の身体に触れたり、プライバシーに入り込んで支援を行ったりすることが多い「密着型のサービス」である。また、在宅であれ、施設であれ、福祉サービスが提供される場所は、第三者の目が届きにくい場所であり、「密室型のサービス」といえる。福祉サービスの利用者は、乳幼児や要介護高齢者、障害者などであり、小さな過誤や過失、事故であっても利用者に与える影響は大きく、「甚大な被害につながる」危険性がある。

●**第三者による福祉サービス評価**：福祉サービスの品質を管理するためには、上記のような福祉サービスの特性を考慮して行わなければならない。サービスが適切に行われているかを自分自身で自己点検・評価するだけではなく、第三者が客観的な立場で評価できる仕組みを作る必要がある（第5章において福祉サービスについての特徴を整理しているので参照すること）。第三者が客観的に評価することで、提供しているサービスの妥当性や品質を評価できる。

2 福祉サービスの評価

福祉サービスの評価が求められるもう1つの理由に、利用者とサービス提供者の間に情報、知識の格差が大きいことがあげられる。経済学用語で「情報の非対称性」という。

●**利用者とサービス提供者の間の情報の格差**：多くの利用者は、身近にどのような福祉サービスがあるかとか、自分はどのサービスが使えるかといったことについてはよく知らない。また、福祉

サービスの利用経験も一般的には少ない。たとえ自分がサービスを利用していたとしても、そのサービスがどの程度のレベルのサービスであるかを知っていることは少ない。言い換えると、情報や利用経験が少ないためにサービスを選択する際によりよいものを選ぶという消費者として一般的に行われる行動が抑制されることがある。結果として、他のいろいろなサービスに比べ、福祉サービスはよいものが買われ、品質の劣るものは買われないという市場の機能が働きにくい状況にある。

●**第三者による評価の公表**：このような特性があることからも、福祉サービスに直接関わる法人・事業所やサービス利用者以外の第三者による評価が重要である。その評価結果が福祉サービスの品質の良し悪しを示す証しとなるのである。初任者には、職場の上司や仲間から指導（スーパーバイズ）を受け、自分自身のサービスを客観的に評価し、日々軌道修正することが必要となる。

3 福祉サービスの公共性

　福祉サービスは主として税や保険料を財源としている。また、福祉サービスの大半は、福祉サービスを利用する高齢者や児童、障害者などを支援するための法律に基づいて提供されている。福祉サービスは公共性、社会性の強いサービスである。多くの分野でサービスの供給方式は利用者との相対契約となったが、サービスの本質は変わるものではなく、福祉サービスの公共性を福祉職員は認識して、仕事をしなければならない。

●図表2-4　対人サービス・福祉サービスの特性

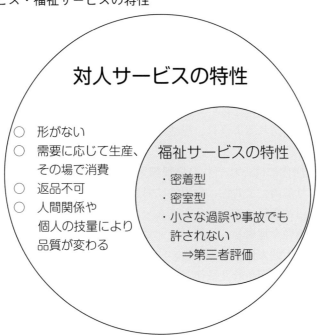

（著者作成）

福祉職員の職業倫理を理解する

1 福祉サービスの社会的役割を理解する

　福祉施設や介護サービス事業者、医療機関等において法令を遵守する目的のひとつには、そこで生活する人々の暮らしを守ることがある。法令を守ることは当然の義務であり、利用者に適切なサービスを提供する最低基準を満たすための条件でもある。

◉**法令を守ることは利用者を守ること**：法令に則った適切なサービスを提供することは利用者の暮らしを法律に則って守ることと同じ意味となり、福祉サービスの品質管理の方法ともなる。

　施設サービスなどの対人援助サービスは、利用者の生活の質に影響するものである。そのため支援サービスのいろいろな要素に、あらかじめ法律等による基準を設けることは、福祉サービスの質を保証し、利用者の個人の権利を守る意味がある。

2 福祉職員の倫理の基本を知る

　福祉職員は、利用者の権利に基づいて福祉サービスの提供を行わなければならない。利用者は人として、社会の一員として生きていく権利をもっており、健康的で人間らしい生活をすることが憲法で保障されている。したがって、一方的に保護される存在ではなく、一人の人として社会全体でその人らしい生活を構築することに福祉職員は関わらなければならない。

◉**ノーマライゼーション**：障害のあるなしに関わらず、地域においてその人らしい生活、普通の生活をしていける社会を作ることをいう。福祉職員には、どのような障害のある人であっても家庭や地域で普通に生活を送れるように、生活の条件を整えるなどの具体的な方策を講じることが求められる。
◉**倫理綱領**：専門職団体にはそれぞれの倫理綱領があるが、例えば日本介護福祉士会では、福祉サービスに求められる高い公共性、倫理性に着目し、その行動の理念となる倫理綱領を設けている（図表2－5）。福祉職員はその属する法人・事業所の種別がどのようなものであれ、福祉サービスの公共性、倫理性を理解し、実際のサービス提供に当たらなければならない。
◉**個人情報の守秘義務**：個人情報保護法は、法の理念にあるように個人の情報をより適切に活用するために守るべき内容が記された法律である。福祉サービスは個人と直接関わって支援することが多く、個人情報と密接した仕事である。支援内容を決めるために、利用者の身体、心理状況、生活歴や疾病歴、生活環境情報を確認することは必須であり、そこで知り得た情報の徹底した管理が求められる。通常、個人の詳細なアセスメント情報が漏洩しないように厳重に管理される必要があり、サービスに従事するうえで知り得た情報も含めて、福祉職員には常に守秘義務がある。
◉**守秘義務の範囲**：守秘義務の範囲は職場に限らず、場所を問わず、仕事上知り得た情報は一切口外してはならない。もちろん仕事上で多職種チームとの連携などに際しては情報の共有は不可欠であるが、その場合も情報管理を一元化し、チームメンバー間で情報を留めることが義務である。

3　社会福祉の現場と利用者の人権について考える

　福祉サービスの利用者が生活弱者であるということに加え、福祉サービスは利用と提供が同時に行われるためにそのサービスの品質評価が極めて難しい。また、利用者と直接ふれあう支援も多く、密着性が高いため利用者の生活に踏み込んでサービスが提供される。この点を理解して福祉職員は支援する必要がある。

◉**福祉サービス評価のあいまいさの原因**：福祉サービスは専門技術に裏づけられたサービスであるが、サービス提供者と利用者側との間に属人的な要素が入りやすい。つまり、福祉サービス供給者と利用者との間の相性によってサービスの質、評価が左右されることがある。そのため相性のよい担当者だけがサービスを提供するということになりやすいが、相性の良し悪しも突き詰めればなんらかの原因があり、利用者の人権や尊厳を守り、利用者ニーズに応じたサービスを提供するためには、あいまいな人間関係の部分にも積極的に目を向け、利用者との関係性の根拠を明らかにすることが必要である。

◉**リハビリを行う際の注意点**：利用者の生活支援を中心に福祉サービスは提供されるが、できない部分を支援によって埋め合わせるというだけではなく、サービスを提供することで利用者本人のその人らしい生活を維持することが重要である。利用者に負担となる可能性のあるリハビリを行う場合にも本人の自立を維持することが重要であり、多少は利用者に負荷がかかったとしても、この支援が自立への近道であることをサービス提供者は説明し、納得して利用者がリハビリに取り組める支援が求められる。

●図表2－5　日本介護福祉士会倫理綱領（1995年11月17日宣言）

前文
　私たち介護福祉士は、介護福祉ニーズを有するすべての人々が、住み慣れた地域において安心して老いることができ、そして暮らし続けていくことのできる社会の実現を願っています。
　そのため、私たち日本介護福祉士会は、一人ひとりの心豊かな暮らしを支える介護福祉の専門職として、ここに倫理綱領を定め、自らの専門的知識・技術及び倫理的自覚をもって最善の介護福祉サービスの提供に努めます。
（利用者本位、自立支援）
　介護福祉士はすべての人々の基本的人権を擁護し、一人ひとりの住民が心豊かな暮らしと老後が送れるよう利用者本位の立場から自己決定を最大限尊重し、自立に向けた介護福祉サービスを提供していきます。
（専門的サービスの提供）
　介護福祉士は、常に専門的知識・技術の研鑽に励むとともに、豊かな感性と的確な判断力を培い、深い洞察力をもって専門的サービスの提供に努めます。
　また、介護福祉士は、介護福祉サービスの質的向上に努め、自己の実施した介護福祉サービスについては、常に専門職としての責任を負います。
（プライバシーの保護）
　介護福祉士は、プライバシーを保護するため、職務上知り得た個人の情報を守ります。
（総合的サービスの提供と積極的な連携、協力）
　介護福祉士は、利用者に最適なサービスを総合的に提供していくため、福祉、医療、保健その他関連する業務に従事する者と積極的な連携を図り、協力して行動します。
（利用者ニーズの代弁）
　介護福祉士は、暮らしを支える視点から利用者の真のニーズを受けとめ、それを代弁していくことも重要な役割であると確認したうえで、考え、行動します。
（地域福祉の推進）
　介護福祉士は、地域において生じる介護問題を解決していくために、専門職として常に積極的な態度で住民と接し、介護問題に対する深い理解が得られるよう努めるとともに、その介護力の強化に協力していきます。
（後継者の育成）
　介護福祉士は、すべての人々が将来にわたり安心して質の高い介護を受ける権利を享受できるよう、介護福祉士に関する教育水準の向上と後継者の育成に力を注ぎます。

仕事は記録に始まり、記録に終わる

自分のした仕事を報告する

▶　福祉サービスは、利用者の日常生活を支援し、利用者の生活の質を維持し向上させることを目的として行われる。そのため福祉職員は自分の仕事を支援中心に組み立てることになる。そのことは間違いではないが、仕事としては支援だけ考えていては不十分である。

▶　福祉サービスにおいても他の仕事でも自分のした仕事を職場の同僚、リーダー、管理者に伝えること、つまり、報告が不可欠である。とりわけ福祉サービスは支援しているところが職場の人たちに見えないことが多いため、報告の重要性は他の仕事以上に高い。

記録を残して仕事が完結する

▶　例えば、要介護高齢者の居宅を訪問し生活介助をする場合、支援する内容は利用者やケアマネジャーが関わって方針が決まっていく。その方針どおりの支援をすればそれで仕事は終了するが、どのように支援をし、どのような反応が利用者からあったかの報告が必要だ。

▶　そのためには自分自身が行った仕事を記録することが重要である。継続して利用者への支援をする場合は、記録をとる時間もないことが現場には多くあるだろう。そのときは、頭にメモをする、つまり、しっかりと覚えておき、忘れない範囲のタイミングで、記録として残しておくことが望まれる。

▶　記録は報告のためにあるが、仕事内容を記録する意味には次のようなものがある。

＊支援サービス内容と過程を職場の仲間と共有できる
＊支援サービス内容を振り返って点検できる
＊利用者にトラブルが起きたとき、支援内容を振り返って確認できる
＊記録から利用者のニーズのアセスメントができる
＊サービスの内容を利用者の保護者や家族に説明できる

▶　直接身体に触れて支援する場合には、ペンやメモをもって支援することは危険であり、避けなければならない。しかし、身近なところに筆記具をおいて、いつでも記録がとれるようにすることはぜひ習慣化するとよい。記録は利用者を守り、福祉に従事する職員を守る意味でも重要な仕事である。支援しっぱなしにならないことにまず努めることが大切である。福祉の仕事は、支援した後、その内容を書いて初めて完了するのである。

メンバーシップ

組織の一員としての
フォロワーシップの醸成（じょうせい）

目 標

●上司や先輩職員から厚い信頼を受ける真のプロとして確かな一歩を踏み出すためには、強い当事者意識をもって、チームワークの強化や業務レベルの向上に貢献する姿勢が求められる。

●第3章では、チームのレベルアップに確かなかたちで貢献する職業人となるための、基本的心構えと姿勢を学ぶ。

●主な内容は次に示す5点である。

◇組織メンバーとして強固な当事者意識をもって働く職員となるためのメンバーシップ意識の醸成。加えて、メンバーシップの2大構成要素であるフォロワーシップとリーダーシップが発揮できる職員となるための基本視点

◇チーム・部署・法人・事業所の発展に貢献するための基本姿勢

◇職員間のチームワークと信頼関係を強化するためのコミュニケーション技法

◇チームの目標・計画・方針の理解と目標達成に貢献するための基本的視点

◇メンバーシップを発揮し、チームに貢献する職員となるための課題

構 成

❶ メンバーシップの意味を理解し、醸成する

❷ 組織メンバーとしての基本姿勢を身につける

❸ 同僚・先輩職員・上司から信頼されるスキルを身につける

❹ チーム目標達成に向けた基本姿勢を理解する

❺ 自己を振り返り、課題を把握する

☕ ＊ティータイム＊ ……………… 頼りにされる職員となるための課題にチャレンジしよう！

1 メンバーシップの意味を理解し、醸成する

1 職業人として担うべきメンバーシップの意味を理解する

メンバーシップは、職業人として働く全ての人が共有すべき基本概念のひとつである。その意味は、組織メンバーの一人ひとりが、プロとして果たすべき役割と使命を正しく理解し、組織目的の達成に向けて行動を起こすこと。そして、その結果、所属する法人・事業所・部署・チームの発展に寄与していくことである。

福祉サービス法人・事業所で働く人の場合は、職場が掲げる経営理念や運営理念を理解し、行動を起こし、実現していく。各部署・チームのなかで課せられた役割をまっとうし、所属する組織のさらなる成長と飛躍に貢献することが求められる。

2 メンバーシップの構成要素を理解する

構成要素は次の2つに整理できる（**図表3－1参照**）。

◉**フォロワーシップ**：組織が掲げる使命や役割を、忠実なフォロワー（追い求める人・支持する人）として、達成していくことをさす。上司や先輩職員の指示を的確にフォローし、力を合わせて目標を達成していく姿勢をさす。

◉**リーダーシップ**：組織やチームをあるべき方向にいざない、成果達成に導くことをさす。法人・事業所内・部署内・チーム内に存在する問題や課題を把握し、解決に向けた方策を立案したうえで実行に移していく。問題解決や課題達成が実現できたら、その状態が維持できるよう目配りする。こうした取り組みを通して、法人・事業所・部署・チームをよりよき状態に導くことが、リーダーシップの重要な意味である。

3 フォロワーシップに重点を置いた業務姿勢

初任者に求められるのは、フォロワーシップに重点を置いた業務姿勢である。まずは法人・事業所・部署・チームが掲げる目標や使命、業務遂行面でのさまざまなルールを着実に守り（フォロー）し、やり遂げることに力を注ぐ。社会福祉専門職に求められる倫理規定や行動基準に従い、フォローしていく職業人としてのスキルと姿勢に磨きをかける。こうした取り組みが、近い将来、リーダーシップを発揮する職業人となるための第一歩となる。

4 自発的かつ主体的に行動する意識をもつ

フォロワーシップは、先輩職員や上司の指示にただ従うだけのイエスマンになるという意味ではない。先輩職員や上司に対して従属的な立場に置かれるという意味でもない。

たとえ初任者であっても、プロとして働く職業人のひとりである。果たすべき使命の達成に向けて、強固な当事者意識をもって、自発的かつ主体的に行動する意識をもたなければならない。「業務の改善やレベルアップの仕事は上司の職務だから、私は関係ない」という姿勢ではなく、まず自分が携わる業務のなかで改められることから、改善に着手する。

こうした姿勢を有するフォロワーは、組織を引っ張る立場にあるリーダーにとっては、かけがえのない存在である。フォロワーシップの概念を整理したアイラ・チャレフによれば、真のフォロワーとは、「リーダーと目的を同じくし、組織が成し遂げようとしている目的の正当性を信じ、リーダーと組織の成功を願い、目的を達成すべく精力的に働く」人をさすからである[1]。

1) アイラ・チャレフ、野中香方子訳『ザ・フォロワーシップ』ダイヤモンド社、2009年、23〜24頁

5 リーダー職員のよきパートナーになる

法人・事業所・部署・チームのなかで、リーダーの立場にある職員（管理職あるいはそれに準じる立場にある職員）のパートナーとして、職場の発展に寄与できるフォロワーとなるには、次に示す2つの段階を着実にクリアする姿勢が不可欠である。

◉**福祉職員として働きはじめた、ごく初期の段階**：就職後、3カ月くらいまでの間は、上司や先輩職員の指示を適宜受けながら業務に携わっていく。

たとえ、社会人としての経験が長い人であっても、福祉の職場で働くのが初めてであれば、最初の一歩はこの段階からスタートする。他の職場で得た経験は貴重なものであるが、それを福祉の世界に応用し生かせるようになるには、初めて経験する介護・相談援助・保育・療育などの業務を一つひとつ着実に身につけていくことが前提条件となる。

◉**主体性かつ自発性をもった業務姿勢**：業務経験を積むなかで、組織の発展や利用者本位サービスの実現を妨げる要素に気づいた場合は、同僚・先輩職員・上司との協働作業で、解決に向けて行動を起こすよう努める。

その際には、**図表3−2**のような手順で解決に取り組み、同僚・先輩職員・上司から理解と協力が得られるよう工夫する。

●図表3−1

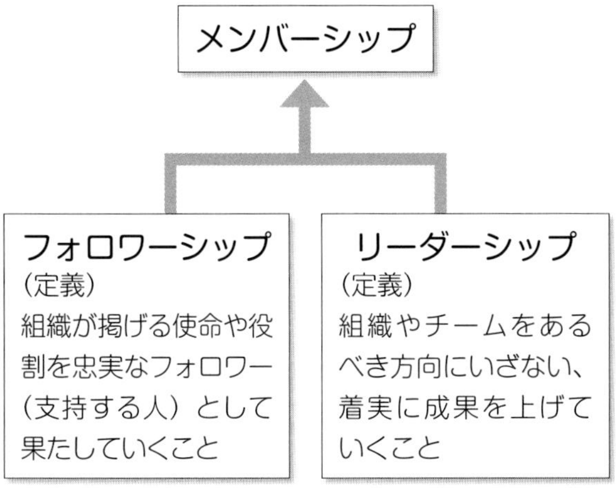

```
        メンバーシップ
              ↑
      ┌───────┴───────┐
```

フォロワーシップ（定義）組織が掲げる使命や役割を忠実なフォロワー（支持する人）として果たしていくこと	リーダーシップ（定義）組織やチームをあるべき方向にいざない、着実に成果を上げていくこと

（著者作成）

●図表3−2　課題解決の手順

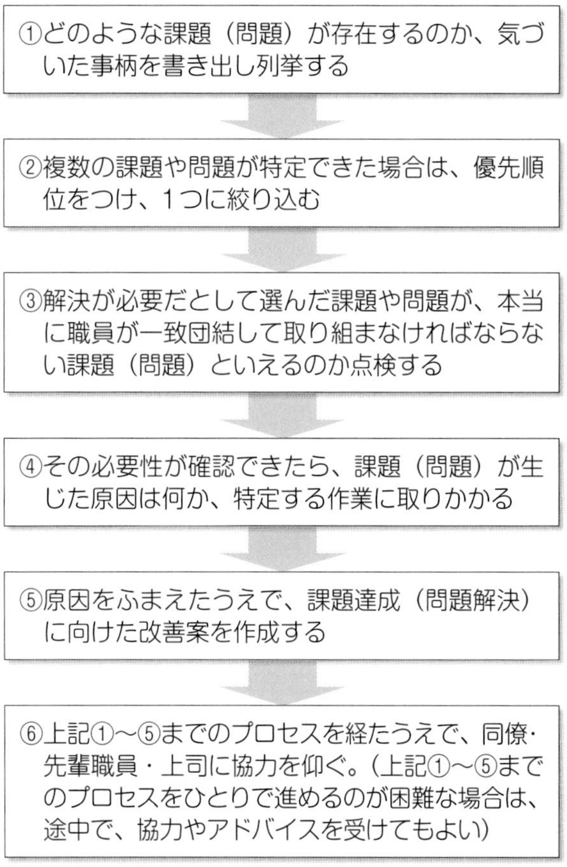

①どのような課題（問題）が存在するのか、気づいた事柄を書き出し列挙する

↓

②複数の課題や問題が特定できた場合は、優先順位をつけ、1つに絞り込む

↓

③解決が必要だとして選んだ課題や問題が、本当に職員が一致団結して取り組まなければならない課題（問題）といえるのか点検する

↓

④その必要性が確認できたら、課題（問題）が生じた原因は何か、特定する作業に取りかかる

↓

⑤原因をふまえたうえで、課題達成（問題解決）に向けた改善案を作成する

↓

⑥上記①〜⑤までのプロセスを経たうえで、同僚・先輩職員・上司に協力を仰ぐ。（上記①〜⑤までのプロセスをひとりで進めるのが困難な場合は、途中で、協力やアドバイスを受けてもよい）

（著者作成）

組織メンバーとしての基本姿勢を身につける

1 組織メンバーとして求められる基本原則を守る

　初任者が、組織メンバーとして、法人・事業所・部署の発展やチームワークの向上、職員間の信頼関係強化に寄与するよき職業人となるためには、次に示す基本原則に根ざした思考・業務遂行姿勢・行動スタイルを身につけなければならない。

◉**強固な当事者意識をもって働く**：福祉の職場で働く人たちは、どのような立場やポジションで働いていようとも、職場内の問題や課題の解決に向けて、行動を起こす責任は自分自身にもあるという強い当事者意識をもって働くことが求められる。

◉**自主性・自発性・主体性を発揮する**：上司や先輩職員の指示を的確に理解し、やり遂げていく。これは初任者が必ず習得しなければならない業務姿勢のひとつである。同時に必要とされるのは、自主的・自発的・主体的に業務に取り組んでいく姿勢だ。指示がなくても、自主的・自発的・主体的に課題発見や問題解決に取り組んでいく姿勢を身につけなければならない。

◉**貢献を行動で示す**：福祉領域で働く職業人には3つの貢献が求められる。第1は利用者の幸せへの貢献。第2は職場の仲間が働く喜びを実感できるよう貢献する。第3は所属する法人・事業所・部署・チームのレベルアップへの貢献である。これら3つの貢献に向けて、日々、努力を積み重ね、実績として示せる職業人になることが求められる。

◉**忠誠心を行動で示す**：組織に所属する人は、誰もが組織や上司に対して忠誠心をもって働くことが求められる。ただし、それは、何の問題意識も抱かず漫然と従うという意味ではない。組織や上司があるべき方向から外れそうになっている場合、軌道修正を進言する。これが真の忠誠心をもった職業人の行動である。

◉**使命感・責任感をもって働く**：常に自分の使命と責任を自覚しながら働くという意味である。自分は何を実現するために働いているのか、自分自身に問いかける習慣を身につける。使命や責任を十分に果たしていない場合は、達成に向けて具体策を立案し、行動を起こす。こうした取り組みを通して、使命や責任を果たす職業人となるよう心がけていく。

◉**職業倫理に根ざした行動をする**：福祉の世界で働く人が必ず遵守しなければならないのは、職業倫理に基づく行動である。どのような倫理規定を遵守すべきか、正しく理解し、それをベースとして行動する姿勢を身につけなければならない。

2 職員間のチームワークの醸成に力を尽くす

　チームワークとは、2人以上の集団が、所属メンバーとの間で共有する目標や使命達成に向けて、一致協力すること。そして、その結果、所期の目標や使命を達成していくことをさす。初任者には、こうした観点から捉えたチームワークの醸成に力を尽くすことが求められている。

3 チームワーク形成の阻害要因を把握し、改善を図る

　初任者といえども、何がチームワークの形成を妨げる要因となるのか、理解する必要がある。阻害する要因を把握すれば、チームワーク形成に向けて自分が何をすべきかが見えてくるからだ。

　チームワークの阻害要因は、職員間の信頼関係や協力関係が成り立たず、チームワークが機能しない職場の特徴から把握できる。それは**図表3－3**のとおりである。

　上記で、自分が働く職場にあてはまる項目がある場合は、職務経験を積み重ね、改善に貢献できる職業人になるよう準備を開始する。例えば、「職員として共有すべき価値観・人間観・援助観などがバラバラで統一感がない」状況であれば、まずは自分が正しい価値観・人間観・援助観を身につけるよう努力する。そのうえで、近い将来、職場の仲間に改善を働きかけていく。

●図表3－3　チームワーク阻害要因の具体例

職員間で共有すべき価値観（援助・介護・保育観など）がバラバラで統一感がない

不適切な業務状態に陥っている職員に、十分な指導がなされず放置されている

報告・連絡・相談が機能しない

どのような手順や方法で業務を行うのか、共通認識がない

人を傷つける言動を示す職員に、適切な指導がなされていない

利用者の前で、他の職員に対する不快感や不満を平気で示している職員がいる

職場のなかを見渡すと、上司批判や職場の批判で結束を固めている職員グループが存在する（「ここはだめだ」「あそこはだめだ」と批判の声を上げるだけで、「力を合わせて業務改善に取り組もう」といった建設的・前向きな発言が示されない）

利用者に対して最善・最良のサービスをいかにして提供するかという点よりも、職員である自分たちがいかに楽しく過ごすかが優先されている

（著者作成）

同僚・先輩職員・上司から
信頼されるスキルを身につける

1 自分の言動・姿勢を振り返る

　チームワークの向上に貢献する職員となるためには、日頃の何げない自分の言動や働きぶりのなかに、人を不快にしたり、傷つけたり、落胆させたりするものはないか、振り返る姿勢が求められる。具体的には**図表3−4**に示すような言動がないか、自己チェックすることが求められる。

　同僚、先輩職員、上司から不信感を招く可能性が高い言動は、**図表3−4**のように整理できる。

　万が一、自分が不信感を招くような言動を示している状況にあるならば、すぐに改めなければならない。他の職員のモチベーションを打ち砕く人になっている可能性があるからだ。今は、不適切な行動を起こしていないとしても、将来、経験年数を積み重ねるなかで、悪しき言動を身につける場合もある。「自分は決してこのような言動を示す先輩や上司にはならない」「適切な言動で他の職員のモチベーションを高め、信頼関係の向上に寄与できる職員になる」「信頼関係を築けるようになるために、適切なコミュニケーションスキルを身につける」との強い決意が求められる。

2 信頼関係を強めるコミュニケーションスキルを身につける

　厚い信頼を得るには、「この職員といると楽しくなる」「モチベーションが上がる」「一緒に協力していい仕事をしようという気持ちになる」との思いが強化できる職員を目指す必要がある。そうなるためには、次のような態度・姿勢・コミュニケーションスキルを身につけるよう努力しなければならない。

■自分から率先してあいさつをする（「ここで働けることがうれしい」「誇りに思う」といったポジティブで前向きな思いが伝わるよう、あいさつする）。
■先輩職員や上司から指示を受け、そのとおりに動いたつもりだが、「指示どおり動いていない」との指摘を受けたときは、謙虚に自分の姿勢や働きぶりを振り返る。
■上司や先輩職員の指示を受けたときは、その場で指示を復唱する。
■勤務時間中は、職場が楽しくなる、活気ある状態になるよう努力する。
■感謝とねぎらいの気持ちを、さまざまなコミュニケーションの方法を用いて伝える。
■プライベートなことから生じるマイナスの感情を職場に持ち込まない。
■さりげない会話のなかで、ポジティブ・建設的・前向きな発言をするよう努力する。
■日常業務の手順や方法に関して先輩職員や上司に疑問を呈する場合には、「どうしてこんなふうにやらなきゃいけないんですか」と責めるような聞き方ではなく、「○○についてどうしていいかわからず困っています。お手数かけますが、教えていただけますでしょうか」といった依頼形の聞き方をする。

3 「一から学ぶ」 謙虚な姿勢で信頼関係を築く

　どのような経緯で福祉の職場で働きはじめたとしても、「一から学ぶ」という謙虚な姿勢が欠かせない。過去に福祉の職場で働いた経験があったとしても、業務の手順や方法が異なるケースが少なくない。こうした場合、まずは新しく働きはじめた職場のやり方を身につけることに専念する。他の職員との信頼関係を築いた後に、他の職場で学んだノウハウを新たな職場で披露する。このような手順を踏めば、職業人として他の職場で培ってきたノウハウを新たな職場の職員から受け入れてもらいやすくなる。

●図表3−4　信頼関係の構築を妨げる言動・姿勢チェックリスト

≪使い方≫
　各項目に目を通し、「私はどちらかというと、この傾向を示している」と思う場合はチェック欄に○を入れる。「こうした言動や姿勢を示すことはない」と断言できるときはチェック欄に×を入れる。○がついた項目に関しては、×になるよう言動・姿勢を改める。×がついた項目はその状態を維持する。

□業務に入るとき、他の職員にきちんとあいさつができてない（自分はあいさつをしたつもりだが、ていねいなあいさつにはなっていないことがある）

□時間厳守が徹底できていない

□明らかに自分の行為に誤りがあるのに、先輩職員や上司からの注意を冷静に受け止められない

□プライベートなことから生じたイライラを職場に持ち込むことがある（何か嫌なことがあると感情が顔に出てしまいやすい）

□先輩や上司のアドバイスに真剣に耳を傾けるという姿勢が不十分である

□わからないことをそのままにしている（自分でわからないことを調べ、わかろうとする努力がたりない）

□仕事への意欲（やる気）を日頃の働く姿勢から伝えられない

□利用者への思いやり、やさしさ、愛情が接遇姿勢から伝えられない

□会議等で発言を求められても、発言しない

□さらなる飛躍のために、上司や先輩職員が業務をまかせようとしても、「できません」と言ってやろうとしない

□自発的に自分から動こうとする姿勢がたりない

□報告・連絡・相談しなければならないことが生じたのに、上司・先輩職員・同僚等に適切な報告をしない（うまくいかなかったことを隠し、報告しない）

□自分が所属する部署で、業務の見直しや改善に向けた取り組みが行われているのに、協力しようとしない

□なんとなく気が合わないと思う職員に対して、距離を置くような態度を示してしまう（苦手意識を感じる同僚や先輩に対して、自分から距離を詰めようとしたり、理解を深めようとしたりする努力をしない）

（著者作成）

チーム目標達成に向けた
基本姿勢を理解する

1 チーム目標の重要性を理解する

　福祉サービスの提供に携わる法人・事業所が、着実に成長を遂げていくためには、法人・事業所内・部署内そしてチーム内に、明確な達成目標が掲げられることが重要である。目標がなければ、組織やチームは一体感をもって行動することができなくなる。各メンバーが勝手な動きをするようになり、組織やチームとして明確な成果が上げられなくなるからである。目標理解に向けた取り組みは、次の4点に整理できる（**図表3－5参照**）。

2 法人・事業所の理念と沿革を理解する

　組織の発展に寄与する職業人になるために、最初に必ず取り組まなければならないのは、法人・事業所がどのような理念を掲げて創設されたのか、そしてどのような発展を遂げてきたのか、組織の理念と沿革に関する理解である。

　各部署・各チームが掲げる目標は、創設時に掲げられた運営理念と連動しているからである。どのような経緯で法人・事業所が発展してきたのかを確認することが、各部署が掲げる目標の重要さや意義をより深いレベルで理解することにつながる。

　沿革に関しては法人・事業所紹介のパンフレット、各年度に作成される法人・事業所全体の事業計画書、あるいは、法人・事業所が刊行した記念誌などに明記されている。これらを参考にして理解を深めるようにする。

3 法人全体・事業所の目標・計画・方針を理解する

　職業人として十分な役割を果たせるようになるには、経営母体である法人とその下にある各事業所がどのような目標・計画・方針を掲げて、運営されているのか理解しなければならない。

　自分が所属するチーム内だけでなく組織全体を見渡す姿勢を、初任者時代から強く意識し、身につけていくことが必要である。

　法人全体および各事業所が掲げる目標・計画・方針は、各年度に作成される事業計画書に示されている。まずは事業計画書に目を通し正しく理解するよう努力する。

4 チームが掲げる目標・計画・方針を理解する

　所属する部署・チームが掲げる目標・計画・方針は、次のような方法で理解に努める。

　まず、所属する法人・事業所が作成した事業計画書を熟読する。自分が所属する部署だけでなく、他の部署、他のチームの目標・計画・方針にも必ず目を通す。業務を遂行するうえでは、他の部署に所属する職員との協力が必要なケースが少なくないからである。

　チームの発展に貢献する職業人を目指すのであれば、当該年度の事業計画書にとどまらず、過去5年間の事業計画書と事業報告書に目を通すことが望ましい。そうすることによって、所属する部署やチームがこれまでどのような発展を遂げてきたか、確認できる。これまでの発展を受け継ぐために、自分は何をすべきか、自らの使命を把握する絶好の機会となる。

5 チームの目標・計画・方針の達成に向けて、行動を起こす

チームメンバーのひとりとして、自分はチームが掲げる目標・計画・方針の達成に向けてどのような行動をとるのかを明確にする。

例えば、所属する特別養護老人ホームのあるユニットが、「認知症の利用者が安心して暮らせる生活環境を確立する」という目標を掲げている場合を考えてみよう。

このケースでは、まず取り組まなければならないのは、認知症ケアに関する基礎知識の習得（あるいは再確認）である。学校や書籍で学んだ知識をもう一度確認し、認知症ケアに携わる人に求められる心構えや援助姿勢の習得に努める。

「介護業務中の事故を防止する」と目標が掲げられているとすれば、まず、どのような場面で事故が起こりやすいのか、書籍や過去の記録などを調べて学ぶ。未然に防ぐためには、どのような工夫や方法があるか、リスクマネジメントの手法について理解を深める。同時に、事故報告やインシデント報告の意義と書き方を学び、介護業務中の事故防止に向けた知識とスキルの習得に努める。

独力で考えるのが困難な場合は、先輩職員や上司に自ら積極的に働きかけ、アドバイスを受ける。よきアドバイスを受けるには次の2点を明確に伝えなければならない。①どのような目標・計画・方針の達成に苦慮しているのか、②達成に向けてこれまで自分はどのような努力をしてきたのか（どのような取り組みに着手し、何がどこまでうまくいったのか。そして、何がうまくいかないのか）。

上司や先輩職員から適切なアドバイスを受けるうえで、とりわけ重要なのは、②の部分だ。自分がこれまで何に取り組んできたかを、先輩職員や上司に明確に伝える。そのうえでアドバイスを依頼することだ。

今、福祉の世界で求められるのは、困難な状況を自らの努力で切り開く姿勢をもった職業人である。一から十まで、わからないことは全て上司や先輩職員にアドバイスを請おうとする依頼心の強い職員ではなく、まずは自ら知恵を絞り、努力を積み重ね、自分で状況を切り開く職員である。そのうえで、上司や先輩職員のアドバイスを求めることが大切である。

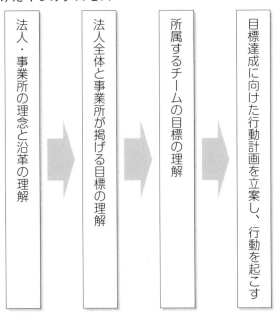

●図表3-5 目標理解に向けた4つのプロセス

法人・事業所の理念と沿革の理解 → 法人全体と事業所が掲げる目標の理解 → 所属するチームの目標の理解 → 目標達成に向けた行動計画を立案し、行動を起こす

（著者作成）

自己を振り返り、課題を把握する

1 初任者に求められる職業人としての姿勢を理解する

　初任者が習得すべきメンバーシップは、フォロワーシップに重点を置いた職業人としての姿勢である。そのためには、①職業人としての使命や役割を理解して遵守（フォロー）する、②上司や先輩職員の指示やアドバイスに謙虚な姿勢で耳を傾けてフォローする、③福祉関連領域で働く者として倫理規定を遵守した業務を行う、④組織・部署・チームが掲げる目標・計画・方針の達成に向けて全力を尽くす、ことが求められる。

2 職員間の信頼関係の構築、チームワークの向上に貢献できているか自己に問いかける

　所属する部署・チームの発展に寄与する職員となるためには、信頼関係とチームワークの向上にどれくらい寄与しているかを点検するよう努めなければならない。図表3－6や図表3－7のような問いを自分自身に投げかけ、自己の課題を明確にする。そのうえで、問題解決に向けた計画を立案することが必要になる。

　自己を振り返る作業を通して、不十分な点が確認できた場合、改善に向けて行動を起こす。もし自分だけでは解決策を講じるのが困難な場合は、先輩職員や上司の力を借りる。「どうすれば厚い信頼を得る職員として飛躍できるか」「どうすればチームワークの向上に貢献できる有為の人材になれるか」「自分に欠けているところを補うためにはどうすればいいか」などのアドバイスを受ける。

3 人を引っ張っていく力、人望を集める力をつける

　福祉の職場で働く職業人として経験を積み重ねるなかで必要となるのは、所属する部署・チームをあるべき方向に引っ張っていく力である。この重要な力を身につけるには、他の職員と信頼関係を築き、「この人であればついていきたい」との思いを抱かせる存在、すなわち、人望を集める職員として力を着実につけていく努力が欠かせない。

　人望を集める力はリーダーシップを発揮する立場になれば必須の力となるが、この力を身につける準備は、福祉の職場で働きはじめたときから始まる。今、この段階から着実に取り組む必要がある。

　他の職員から厚い信頼を受け、知らないうちに自分の周りに後輩職員が集まってくる。そんな高い人望力を発揮する職員となるには、次のような姿勢を身につける必要がある。

■自分から積極的に他の職員に声をかける、働きかけるという姿勢を示す。

■常に相手のことを大切にする、尊敬の念をもって接する姿勢を忘れない（たとえ先輩職員や上司にあたる人が年下であったとしても、あるいは、社会人としてのキャリアは自分のほうが長かったとしても、敬意をもった接し方を忘れないようにする）。

■話ができる喜びを表情や態度で、相手に伝わるように示す（「この職員と話をすると楽しいな」「気持ちが楽になるな」と思われるような態度や姿勢で話をする）。

■苦手意識を感じる人がいたとしても、「まだ、私はこの職員のすばらしい点に気づいていないだけ」「きっとわかり合える日がくる」「心を割って話し合える日がくる」と自分に言い聞かせ、自分から相手に話しかけるよう努める。

■同僚や先輩職員、上司等から「冷たい」と思われるような態度を示されることがあったとしても、「自分に対して悪意を示している」といったマイナスの視点で捉えないようにする。

■自分の思いがうまく伝わらなかったとき、それを相手のせいにしない（どうすれば自分の思いをもっと正確にわかってもらえるか、工夫する姿勢をもつ）。

■さまざまな世代の人と話ができるよう努力する（異なる世代の人が、どのような時代を生きてきたか、学ぶ姿勢をもち続ける）。

■噂や人づてに聞いた話をうのみにしない（噂や人づての話は枝葉がつき、間違った解釈がされているケースが少なくないことを忘れないようにする）。

■たとえ不適切な業務スタイルに陥っている人であっても、批判的、非難的な視点でその人を見るのではなく、何がその人をそういう状態に追いやったのか、冷静に原因を探る姿勢をもつ（同時に、原因に応じた適切な対応策を講じ、いい仕事ができるようサポートするとの姿勢をもつ）。

■一部の職員で固まるのではなく、誰とでも等間隔でつきあうよう努力する（誰とでも分け隔てなく、接する姿勢を身につける）。

●図表3-6　信頼関係構築に向けた自己への問いかけ

①過去半年（あるいは過去1年間）を振り返り、自分は先輩職員・上司・同僚との信頼関係の構築に向けてどのような努力をしてきたか

②その結果、どのような成果を収めたか。あるいは、収められなかったか

③成果を収められなかった部分があるとすれば、今後、どのような取り組みに着手していくか

（著者作成）

●図表3-7　チームワークの向上に向けた自己への問いかけ

①過去半年（あるいは過去1年間）を振り返り、自分は部署・チームが掲げる目標達成にどのような貢献をしてきたか

②その結果、どのような成果を収めたか。あるいは、収められなかったか

③成果を収められなかった部分があるとすれば、今後、どのような取り組みに着手していくか

（著者作成）

ティータイム　頼りにされる職員となるための課題にチャレンジしよう！

　これから経験年数を積み重ね、所属するチーム・部署・事業所の職員から信頼される職員となるために、さらには、チームワーク向上に貢献するよき職員となるために、次の課題にチャレンジしよう。

課題1 ………………………………………………………………………… 強みを磨くためのチャレンジ

➡　福祉の職場で働きはじめてから現在までを振り返り、先輩職員や上司から頼りにされる職員になるには、自分にはどんな強みがあるか、考えてみよう。

　仕事への基本姿勢や態度、ものの見方・考え方、利用者に対する姿勢、他の職員への配慮などといった点で、どんな強みがあるか、思いついたものをノートに書き出してみよう。

➡　ノートに書き出した強みのなかから1つ選び、その強みをさらに磨くためのプランを作成しよう。その際には、

　a　どんな強みを

　b　どのような手順や方法を用いて伸ばすのか

　c　強みをどこまで伸ばすのか

　といった点をしっかりと書き出すようにする。

[例]

　a　「他の職員が気持ちよくなるようなあいさつができる」という強み

　b　社会人としての心得や基本的業務姿勢などを記した書籍を買って勉強を積み重ねる

　c　来年度就職してくる後輩に対してお手本を示せるようになる

課題2 ………………………………………………………………………… 弱点を克服するためのチャレンジ

➡　福祉の職場で働きはじめてから現在までを振り返り、先輩職員や上司から信頼される職員になるには、自分はどんな弱点を克服する必要があるか、考えてみよう。

　仕事への姿勢や態度、ものの見方・考え方、利用者に対する姿勢、他の職員への配慮などといった点で、どんな弱点があるか（どんな点を改める必要があると思うか）、思いついたものを、ノートに書き出してみよう。

➡　ノートに書き出した弱点のなかから1つ選び、その弱点を克服するにはどうすればいいか、弱点克服に向けたプランを作成しよう。その際には、

　a　どんな弱点を

　b　どのような手順や方法を用いて克服していくのか

　c　弱点をどこまで克服するのか

　といった点をしっかりと書き出すようにする。

[例]

　a　「自分の意見を会議などの場で言えない」という弱点

　b　まずは、休憩時間の同僚や先輩との会話のなかで、仕事に関して自分の意見を述べる練習をする。さらには、コミュニケーションに関する書籍を購入し、意見が言えるようになるためのスキルを磨く

　c　来年度就職してくる後輩に、会議で自分の意見を述べることの大切さを伝えると同時に、どんな方法で意見を述べれば他の職員から一目置かれるか、よき手本が示せるようになる

能力開発

初任者としての能力開発

目　標

- ●福祉職員には、福祉サービスの理念や倫理に基づいた対人援助の専門的知識や技術の習得と向上が求められる。また、チームケアの担い手として、組織やチームの一員としての適切な役割行動（組織性）を実践していかなければならない。
- ●就職する前に大学や専門学校で専門教育を受けてきた人は、日常のサービス実践や業務遂行を通じてさらに専門的な知識や技術を高め、実践的能力を身につけていく必要がある。初めて福祉サービスの仕事を志すことになった人は、基礎から学んでいかなければならない。
- ●初任者としては、当面担当する職務に必要な知識や技術を習得しなければならないが、同時にその先に求められるものを見据えながら職務を学んでいかなければならない。
- ●第4章の目標は、初任者に期待される能力開発と自己の成長のあり方を考え、その目標や方法、機会を検討することである。

構　成

❶ 福祉職員の能力開発の必要性と手法を理解する
❷ 求められる能力を理解する
❸ 自己の成長目標を設定する
❹ 能力開発の方法と意味を理解する
❺ 自己啓発・相互啓発に取り組む

☕ ＊ティータイム＊ ……… 業務の標準化とマニュアルの活用による初任者教育が必要！

1 福祉職員の能力開発の 必要性と手法を理解する

1 福祉サービスの担い手に求められる能力を理解する

　福祉サービスの実践とは、福祉サービスの支援を利用する利用者に対し、その必要に応じた社会資源の提供と、それを利用者が主体的に活用できるよう支援を行うことである。

●求められる専門性と組織性：福祉サービスの担い手には、福祉サービスの理念や倫理、専門的知識を土台とした、専門的技術の習得と向上が求められる。また、福祉サービスは、チームケアを基本とするものであり、連携と協働が不可欠である。その意味で、福祉職員には専門性と組織性（組織やチームの一員としての適切な役割行動）の両面を実践できる能力が求められるのである。

　直接サービスに関わる職員には、福祉職場に就職する前にそれぞれが専門教育を受け、専門資格を取得している人も多い。専門資格制度は福祉サービスの担い手を専門職として位置づけ、良質な人材の確保と育成を促進しようとするものであり、自己のキャリア形成にとっても重要な意味をもつものである。

　専門資格を取得したとしても、それで実践能力として完璧な能力形成ができたわけではない。福祉職員は、自己の現状と将来を見据えながら、各キャリア段階にそって求められる専門性と組織性の開発に取り組んでいくことが期待される。

●「最善のサービス」を目指して能力開発を：福祉ニーズの多様化や複雑化のなかで、現状維持にとどまらず、さらによりよいサービスの提供（最善のサービス）が求められている。利用者サービスの質の向上、最善のサービスの提供を目指して、さらなる能力開発が求められる。

　初任者は、まずは担当職務に求められる専門性と組織性に関する基本を習得し、実践的能力を身につけていかなければならない。それは、最善のサービス提供の実現を目指した能力開発の第一歩でもあると認識しておきたい。

2 能力開発（研修）のニーズを明確にする

　能力開発（研修）は、ニーズを明確にすることが重要である。「何を、どのように学ぶ」のか、「努力すべき焦点」を明確にすることである。そのためには、能力開発のニーズを明確にする必要がある。

●求められる能力と現有能力とのギャップを知る：初めて仕事についた初任者には、学ぶべきことが多くあるだろう。まずは、基本をしっかり身につけることである。担当することになった仕事の意味や手順、留意点、そして職場のルールや規範を覚える。さらに福祉サービスの担い手として押さえておかなければならない理念や倫理、対人援助の基本技術等も習得したい。上司や先輩職員の指示・指導を受けながら求められるサービス実践や業務遂行ができるレベルまで、自己啓発努力をしていかなければならない。

　能力開発のニーズは、一般に「求められる能力と現有能力との差（ギャップ）」として捉えられるものである。求められる能力は、福祉サービスの担い手に共通するものがあるし、事業種や職種に固有のものもある。また、現有能力は、これまでの教育や経験によって一人ひとり違いがある。その差（ギャップ）を適切に認知することによって、学ぶべきこと＝能力開発のニーズが

はっきりしてくるのである（**図表4－1参照**）。

　福祉職場では、自己成長を図ろうという意欲があれば、能力開発を促進していく機会は数多く用意されている。初任者の段階から、こうした能力開発に積極的に取り組んでいく姿勢が必要である。

◉**OJT、OFF-JT、SDSとは**：法人・事業所では、通常、職員の能力開発や人材育成をすすめていくために、①OJT（On the Job Traning：職務を通じての研修）、②OFF-JT（Off the Job Traning：職務を離れての研修）、③SDS（Self Development System：自己啓発支援制度）、の3つの形態で職場研修を実施している。

■OJTは、日常業務のなかで上司や先輩職員によって実際的な仕事を通じて行われる研修で、初任者にとっては職務遂行能力を高めていくために最も有効な研修形態といえる。

■OFF-JTは、一定期間職務を離れ、知識・技術や方法などを学び、職員の職務遂行能力を高めるために行う、いわゆる集合研修である。法人・事業所で行われる集合研修と、職場外で行われる集合研修（派遣研修）とがある。

■SDSは、職員が自己の成長のために行う研修を組織として認め、その取り組みを経済的、時間的に保障するなどして、自己啓発活動を奨励するシステムをいう。職員は自己の研修課題と取り組む計画をもち、組織の奨励システムのなかで自己啓発に取り組むことが大切である。

　図表4－2に「自己能力の開発をすすめる4つの心得」を示した。職業人としてこれを生かし、自己の能力開発に努めてほしい。

●図表4－1　求められる能力と能力開発のニーズ（例）

仕事・立場	求められる能力	現有能力	不足能力（必要点）
現在の仕事（立場）で	100%	85%	15%
次に予定される仕事（立場）で	100%	55%	45%
将来の仕事（立場）で	100%	15%	85%

（著者作成）

●図表4－2　自己能力の開発をすすめる4つの心得

1	継続は力なり：毎日の小さな積み重ねが、将来の大きな資源を生む
2	自己責任：能力を伸ばし自分の将来を築くのは、自らの責任である
3	真の専門家であれ：真の専門家とは、広く深い能力をもつものである
4	願望は実現する：目標は生きるエネルギーであり、糧である

（著者作成）

第4章

能力開発

求められる能力を理解する

1 「よりよいサービス提供」にむけて多様な専門的知識・技術を習得する

　福祉サービスは、常に「最善のレベル」で提供することが求められる。最善のレベルとは、利用者のニーズを充足し、そして利用者にとって次の最善のレベルへの欲求を刺激していくサービスである。

◉「利用者理解」に基づくサービスの実践を：このようなサービスの質的向上は、直接の利用者だけではなく、広く市民からも期待されるものである。福祉職員は、自らも現状のサービス水準に満足することなく、常に「よりよいサービスの提供」を心がけなければならない。

　福祉サービス実践の基本的視点は、支援を必要とする人々はさまざまな困難を抱えてはいても、基本的にはそのサービスを主体的に利用し、問題解決を主体的にできる能力を有している人々であるという認識をもつことである。利用者主体の考え方をもち、その支援は利用者のもつ個別性に合わせて行わなければならないものである。

　福祉職員は、利用者の抱えている困難と、それらの困難に対し主体的に取り組んでいける利用者の能力をあわせて理解する「利用者理解」に立脚し、サービス実践にあたらなければならない。そのためには、福祉職員は、福祉サービスの理念や倫理、制度の枠組み等を理解するとともに、多様な専門的知識・技術の習得が期待される。

2 組織やチームの一員として活動できる能力を身につける

　福祉現場では、福祉職員が単独で行う業務は少ない。同職種、異職種同士でチームを組んでサービスを提供するのが一般的である。したがって、福祉職員に求められる能力は、福祉サービスに関する専門性とともに、それを組織やチームの一員として遂行していくための能力（組織性）が必要である。この両者は、車の両輪のように機能しなければならない。

　初任者は、個人レベルによる専門的知識や技術の習得だけではなく、これらを効果的にチームで活用できる組織性の基本を身につけ、組織やチームの一員として活動できる能力が、求められている（第3章、第7章参照）。

3 初任者に求められる能力（他者期待）と職務行動を支える３つの能力を理解する

　それぞれの職員に求められる能力は、事業種や職種によって異なる。しかし、職場やチーム内での職位・職責・職務内容には、各職員のキャリア段階に応じて求められるレベル（他者期待）があり、職場ごとに職務分掌や責任・権限という形で明示されている。初任者には、初任者としての期待レベルがあり、その内容を正しく理解しておかなければならない。

◉求められるレベル（他者期待）を理解する：初任者がしなければならない職務、期待されるレベルについては、さまざまな機会に上司や先輩職員から示されるだろう。これらを真摯に受け止め、自己に求められる能力は何か、当面どのようなレベルまで到達しなければならないのかを積極的に理解していこうとする姿勢が大切である。

　初任者としては、現在担当する職務に期待される能力とともに、さらに3年後、5年後の自己

の将来の職業人生の道筋を描き、それぞれの段階で求められる能力を展望しながら、まずはその基礎固めをしっかり行っていくことが大切である。

◉**現状の水準を把握して、能力開発計画を作成する**：図表４－３は、「職務行動を支える３つの能力」を示したものである。一般的に、職務行動（サービス実践）は、３つの能力によって支えられている。１つ目は「価値観・態度」であり、倫理観や価値観、思いや意欲によって行動が支えられる。２つ目は「知識・情報」で、これらによって対象が理解され、行動が支えられる。３つ目は「技術・技能」で、実務的な技術やノウハウを身につけることによって、実践ができるようになる。

「価値観・態度」は、「やる気」を支える能力であり、「知識・情報」は、「わかる」を支える能力、「技術・技能」は、「できる」を支える能力であると捉えると、わかりやすい。どれか１つの能力が欠けても適切な行動を実践することにはつながらないからである。

初任者として求められる職務行動や役割行動を認識したうえで、上記の３つの能力について現状の水準を把握し、そのうえで能力開発の計画を作成し、取り組んでいくことを期待したい。

●図表４－３　職務行動を支える３つの能力／能力と行動のメカニズム

価値観・態度	価値観、倫理観、思いや意欲	「やる気」を支える能力
知識・情報	相手や業務内容の理解	「わかる」を支える能力
技術・技能	実務的な技術、技能、ノウハウ	「できる」を支える能力

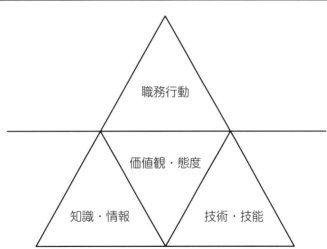

（著者作成）

自己の成長目標を設定する

1 現在の自己の能力評価を行う

　職員が自己の能力開発に取り組むためには、現在の自分の能力レベルを把握しておく必要がある。その際、個人の勝手な尺度や自己期待（自己の思い）だけで図ったり、自己の能力レベルを過大に評価、または過小評価したりしていたのでは、適切に能力開発目標（成長目標）を設定することができない。

◉**さまざまな機会を利用し、他者期待を理解する**：福祉サービスの担い手として、また、組織の一員として求められる能力レベル（他者期待）がある。それぞれの職場で職位や職責・職務ごとに標準化されているもの、標準化されていないが職場でつくり上げられてきた暗黙の規範や上司・先輩職員の期待値もある。さまざまな機会を利用して、他者期待がどのようなものであるかに関心を向け、積極的に理解する姿勢が必要であるし、上司や先輩職員に評価してもらい、指示・指導を受けることが大切である。

2 チームケアの一員としての意識をもって成長目標を設定する

　福祉サービスの提供は、ほとんどがチームによるものである。初任者は、同じ職種によるチームでも、異職種メンバーとのチームでも、そのチームの一員としてどのような役割を担わなければならないか、またその役割は将来どのように変化していくのかを見据え、自己の成長目標を設定することが大切である。

◉**チームメンバーとの連携によるプラスα効果**：チームで仕事をしていく場合、各自の専門性によって行う業務の遂行とともに、チームメンバーとの連携・協働を通じた相乗効果（シナジー効果）を発揮することが大切である。相乗効果とは、「1 + 1」が「2 + α」になるような活動のことである。つまり、一人ひとりの職員がそれぞれ守備範囲の仕事を遂行するだけではなく、プラスαの成果が上がるような活動を期待されるということである。

　相乗効果を高めるためにメンバーとしての役割期待や行動指針を理解しなければ、チームケアは有効ではない。**図表4−4**は、そのための指針を示したものである。初任者にまず期待されるチーム内の役割は、チームのメンバーとして分担された役割を確実に遂行することである。そのためには、チーム全体の目標達成のために果たさなければならない自己の役割を明確にし、チームワークの意味と効果を理解し、そのなかで自己が将来期待される役割を想定した成長目標を設定する必要がある。

3 組織から求められる共通の能力（スキル）を理解する

　職業人、組織人には、組織から求められる共通の能力（スキル）として、①テクニカル・スキル（実務的業務遂行能力）、②ヒューマン・スキル（対人関係能力）、③コンセプチュアル・スキル（総合的判断能力）の3つがあるといわれている。これらのスキルには、組織内の立場や職務から特に期待されるレベルが各階層にあることに留意しなければならない（**図表4−5**参照）。

■テクニカル・スキル（実務的業務遂行能力）は、実際に業務を遂行するために必要な基礎的な知識・技術に精通するスキルと、固有の専門性に関する知識・技術をさし、初任者から中堅職員の段階で最も強化しておかなければならないスキルである。利用者理解や具体的なサービス実践のスキル、問題解決のスキルや記録・リスクマネジメントのスキルなどである。

■ヒューマン・スキル（対人関係能力）は、チームによる職務遂行が基本となる福祉サービスでは、特に重要なスキルである。これは、利用者との関係形成のスキル、職場の上司や他のメンバーとの関係形成のスキル等である。ヒューマン・スキルが未成熟では、どんなにテクニカル・スキルが優れていたとしても、活動の相乗効果を高めることが難しくなってしまう。初任者層から管理職員層まで共通して求められるスキルである。

■コンセプチュアル・スキル（総合的判断能力）は、利用者の状況や組織・職場全体に目を配って有効な問題解決を図り、将来に向けた問題形成をしていくような能力をいう。これは、チームリーダーや管理職員層に特に期待される能力である。

　初任者としては、利用者ニーズを総合的に判断し、適切なサービス（最善のサービス）の実践を目指し、福祉サービスの理念や倫理を押さえておくことが必要である。

●図表4－4　相乗効果（シナジー効果）を発揮するための行動指針

1	目標の明確化と共有化
2	リーダーから示された方針の確認と共有化
3	各自に分担された役割の確認
4	各自の責任と権限の確認
5	リーダーを支えるフォロアーシップの発揮
6	チームメンバーとの相互支援

（著者作成）

●図表4－5　キャリア段階に応じて求められる能力（スキル）

求められるスキル	内　　容	期待されるキャリア
テクニカル・スキル	・実務的業務を遂行するために必要な知識・技術 ・固有の専門性や組織性に関する知識・技術	初任者から中堅職員層までに特に必要な能力
ヒューマン・スキル	・コミュニケーション能力 ・対人関係形成能力 ・チームワーク力	初任者から管理職員層までに幅広く求められる能力
コンセプチュアル・スキル	・概念化や総合的判断能力 （全体を見渡し、全体の最適化を図りながら効果的な意思決定を下していく能力）	チームリーダーから管理職員層に重要な能力

（著者作成）

能力開発の方法と意味を理解する

1 OJTの意味と方法を学ぶ

　OJTは、日常の職務を通じて行われる職場研修であり、初任者の研修では最も普遍的な研修方法である。初任者が一人前の職員として成長するために必要であるばかりではなく、職場適応をスムーズにし、先輩職員や同僚との関係形成を図るうえでも効果的な方法である。

●**上司・先輩職員と初任者の1対1の職場研修**：職場研修としてのOJTは、「上司や先輩職員が部下や後輩職員に対して、仕事を通じて、仕事に必要な価値観、態度、知識・情報、技術・技能を指導育成する全ての活動」と定義づけられる。

　上司・先輩職員の具体的指導育成方法としては、個別指導とミーティングなどの機会を利用した集団指導があるが、通常は個別指導が中心となる。職場によっては、「エルダー」「チューター」「プリセプター」等の名称で初任者の指導を1対1（ワン・ツー・ワン）で指導する体制を整備しているところも少なくない。

　仕事を通じた指導育成であるから、実践的な指導が可能であるし、一人ひとりの職員の育成ニーズや成熟度に応じた指導ができ、上司・先輩職員と部下や後輩職員との関係形成にも役立つ研修機会となる。

●**「仕事の教わり方」を習得する**：初任者に対する指導方法には、「仕事の教え方4段階」（TWIで標準化されているステップ。TWIとは、Training Within Industry for Supervisors:監督者のための企業内訓練のこと）という原則がある。**図表4-6**は、指導を受ける初任者向けに、この原則を「仕事の教わり方4段階」としてアレンジしたものである。初めて仕事を担うことになるわけだから、その手順や留意点を習得し、真摯な姿勢で教えてもらうようにしたい。

●**福祉専門職の養成の方法**：福祉専門職の養成方法として「スーパービジョン」がある。

　スーパービジョンとは、スーパーバイジー（スーパービジョンを受ける人）がスーパーバイザー（スーパービジョンをする人）と一定の契約を結び、その契約に基づいて行う専門家としての養成訓練のプロセスをいう。

　スーパービジョンには、管理的機能、教育的機能、支持的機能の3つがある。これらの機能は、単独で、あるいはいくつかを組み合わせて活用される（**図表4-7**参照）。スーパーバイザーによって行われる一連の教育によって、スーパーバイジー個人の成長だけではなく、それを通して職員全体の成長と専門性の向上が図られる。

2 OFF-JTの意味と方法を知る

　OFF-JTとは、職務命令により、通常の職務を離れて一定期間行う「集合研修」のことである。初任者に対しては、多くの法人・事業所で「導入研修」としてのOFF-JTが行われている。

●**研修の目的やねらいを理解して、集合研修に参加する**：OFF-JTには、職場内で行う集合研修と、職場外で開催される集合研修（派遣研修）の2つの形態がある。基礎的な知識や技術・技能を集中的に学ぶという点では有効な方策である。一般的には、講義を中心とする座学方式が多いが、

近年はワークショップを行う演習方式の集合研修も増えている。初任者としては、研修の目的やねらいをよく理解し、職場内外の集合研修参加の機会を有効に活用する姿勢が大切である。

3 職場の研修体系を理解する

　法人・事業所では、組織としての人材育成を促進し、職員研修の成果を高めるために、「職員研修体系」を整備し、実施しているところも多い。これは、法人・事業所の基本理念やサービス目標の実現を図るために、人材育成を組織的に、かつ体系的・継続的に実施するための仕組みである。

　「期待する職員像」や「大切にしたい価値観」「各職務階層（キャリアステージ）に対応する求められる能力・行動指針」等を具体的に明示しているところも少なくない。個別の法人・事業所が期待する職員を育成し、求められる能力（実践能力）を開発しようとするものである。初任者としては、自己成長を図る資源として、その内容を理解し、有効活用するとともに、組織が求める人材を目指し自己啓発していくことが大切である。

●図表4-6　「仕事の教わり方4段階」

第1段階	習う準備をする	①緊張をやわらげる ②何の仕事をやるかを確認する ③その仕事について自分が知っている程度を確かめる ④その仕事を習得する意味を確認する ⑤正しい位置につく
第2段階	仕事内容を説明してもらう	①主なステップを1つずつ言ってもらい、やってもらい、書いてもらう ②急所を確認する ③はっきりと、抜かりなく、根気よく、しっかり理解できるまで
第3段階	実際にやらせてもらう	①やらせてもらい、間違いを直してもらう ②やりながら手順を説明してみる ③もう一度やりながら、急所を確認する ④わかったかどうかを確かめる
第4段階	教わった後を考える	①実際に仕事をやってみる ②わからないときに、誰に聞けばよいかを確認しておく

（TWI「仕事の教え方4段階」を参考に著者作成）

●図表4-7　スーパービジョンの3つの機能

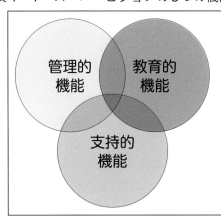

管理的機能：スーパーバイジーの能力を把握し、それに見合う業務を担当させるなかで成長を図れるように管理することをいう。

教育的機能：すでに獲得している知識、技術の活用を促す方法を示唆したり、不足している知識を指摘し課題を示すことなどをいう。

支持的機能：スーパーバイジーが業務上でできていることを認めるとともに、できていないことに気づき、取り組もうとする意思を励ますことをいう。

（著者作成）

5 自己啓発・相互啓発に取り組む

1 自主的に自己啓発・相互啓発に取り組む

　職員の能力開発は、OJTやOFF-JTだけではなく、職員が自主的に行う必要がある。職員が自主的に能力開発に取り組むことを「自己啓発」という。自己啓発は、職員自身の自覚によって取り組む活動である。

　「相互啓発」は、自己啓発活動を職場内外の仲間とともに取り組む活動である。仲間同士の刺激と支え合いが、自己啓発を行う意思を助け、相互啓発の刺激が職場全体の刺激にもなり、チーム力を高め、学習する組織風土を形成することにもつながる。

　自己啓発や相互啓発を基礎とし、上司や先輩職員の指導・支援（OJT）を受け、OFF-JTに参加することによって、必要な能力開発が促進されることになる（**図表4－8**参照）。

　◎**SDS（自己啓発支援制度）で必要な能力開発を**：法人・事業所では、組織として職員の自己啓発や相互啓発を促進するためにSDS（自己啓発支援制度）を整備しているところも多く、職場研修の基盤になるものである。

2 自己啓発のポイントと期待される効果を知る

　自己啓発は、能力開発の基礎となるものであり、自己の専門能力や職業人・組織人として幅広い能力を身につけ、進化（深化）させることに役立ち、仕事での達成感や効力感、上達感を高め、自己実現を図ることにつながるものである。

　◎**主体的な自己啓発は周囲にも刺激を与える**：主体的に自己啓発に取り組むことは、業務に携わる姿勢を能動的にし、それは他の職員へも刺激を与えることになるだろう。職員同士の会話にも、自己啓発によって得られた知見が披露されれば、それは他の職員への参考になるばかりではなく、他の職員の自己啓発への動機づけにもなる。

　◎**自ら目標、計画を立て、継続する**：自己啓発は、自分自身の関心や問題意識に基づいて行うものである。テーマは、現在の職務に直接関係するものばかりではなく、幅広く周辺分野に及ぶものであってよい。そこから得られた知見や技術は、専門業務の幅を広げ、新たな可能性も広げてくれることになる。

　また啓発の方法も自己選択できるものである。自己啓発は、職員が自主的に取り組む活動であり、取り組みに当たっては、自ら目標を立てること、計画を作成すること、継続することが大切である。

3 相互啓発のポイントと期待される効果を知る

　相互啓発によって同じ志や興味、関心をもつメンバーの刺激や励まし合いによって、継続性や意欲の向上を生み出すことが期待される。

　自己啓発や相互啓発に取り組む職員が周囲にいることは、他の職員への刺激にもなり、職場全体の学習する気風を育てることになる。初任者の段階から、積極的に自己啓発・相互啓発の活動に取り組むことを自身に課してほしい。**図表4－9**に「自己啓発・相互啓発の類型と取り組みにあたってのポイント」を示した。

●図表4－8　自己啓発と成長の仕組み

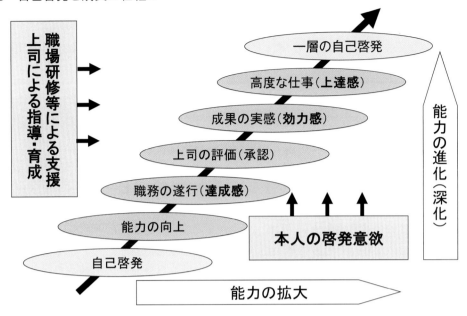

（著者作成）

●図表4－9　自己啓発・相互啓発の類型と取り組みにあたってのポイント

	自己啓発・相互啓発の形態	取り組みポイント
1	個人学習、研究活動	自分の自由時間を使って、自分の学びたいテーマを自主的に学習していく活動。自分で目標をもち、計画を立てて取り組むことがポイントとなる。
2	外部研修会・研究集会への参加	日頃の業務の見直し、新しい知識や情報の収集を図るために、自主的に研修会や研究集会に参加する。その場合、上司に報告し、支援してもらうことも可能である。
3	資格取得講座の受講	現状に満足することなく、さらなる資格取得を目指すことは、職務上必要であるとともに、自己実現の手段でもある。目標に向かって学習スケジュールを立て、計画的に取り組むことがポイントとなる。学習方法としては、通信教育という方法も有効である。
4	自主的勉強会、学習サークルへの参加	共通の課題やテーマについて、職場内外の仲間とグループをつくって相互に学習し合う場を設け、学んでいく方法である。テーマの設定や学習方法（文献を読み合う、事例をもち寄る、講師を迎えるなど）、会の運営方法などを自主的に決め、運営も自分たちで担っていくことが必要である。
5	情報交流会、その他	広く職場内外、同職種、異職種間で情報を交換したり、人的ネットワークを広げる機会をもつこと。あらゆることにアンテナを広げておくことが大切である。

（著者作成）

第4章

能力開発

55

ティータイム　業務の標準化とマニュアルの活用による初任者教育が必要！

ある実習生の感想から ………………………………………………………………………………

　福祉実習を行った学生が、養成校に戻ってから述べた感想は、次のようなものだった。

　「私は、特別養護老人ホームで実習を行いました。初日に職員さんと一緒にベッドメーキングを行いました。2日目もそのときのやり方をまねてベッドメーキングを行っていたら、その日担当の職員さんに『そのやり方は違うよ』と言われ、直されました。3日目にはどちらのやり方をすればいいのだろうと悩んでいたら、その日の職員さんのやり方も少し違いました。そこで、私はそれぞれ職員さんが自分なりの方法をもっていることに気づき、早く自分なりの方法を身につけなければならないのだと学びました」

　このような実習生の「学び」をどのように理解したらいいのだろうか。

　➡　実習生は、3人の方法が異なることを、「サービス利用者にとってどのような方法がベストか」という視点ではなく、「職員各自が開発した方法」という視点で学んでいる。ベッドメーキングの方法（介護技術）は、職員各自が職人芸的に行うことが推奨されているようにも見える。そこでは、利用者が職員の方法に合わせてサービスを受けるという、本末転倒の状況が生じていることになる。

　➡　なぜ、このような事態が生じるのだろうか。さまざまな要因が考えられるが、そのなかのひとつに、業務の標準化の未整備や、マニュアルが作成されていない、あるいはそれが活用されておらず、各職員によって職人芸的に業務が継承されているという、OJTの不備があげられる。

　➡　福祉職場では、「対人援助は、マニュアル化できない」という考え方が根強い。マニュアルとは、標準化されたサービスを文書にしたものである。それは、これまでの実践で試され、職場で提供されるサービス水準を示したものであり、それをさらに実践で向上させ、水準アップを図るための指標が示されているものである。

　➡　たしかに、福祉サービスは画一的に提供されるべきではなく、利用者個々の状況に合わせて提供されるべきである。しかし、それは標準化されたサービスがあって初めて、それを応用する形で適用されるべきであろう。

　➡　実習生が体験したことは、標準化されていない職員の個別のサービスに「利用者が合わせている」現場の実態だった。「個別対応」という名目で、職員がばらばらなサービスを利用者に押しつけることは避けなければならない。サービスの「標準化」と「画一化」は別物なのである。

　➡　特に、初任者には、標準化されたサービス内容を、確実に、的確に提供できるような職員になってもらうことが必要である。そのための業務の標準化と、それに基づいたマニュアルによって教育を行うことが必要であろう。

56

業務課題の解決と実践研究

業務を振り返り、問題解決の必要性を理解する

目　標

● 初任者は、就職してしばらくの間、技術や仕事の手順を覚え、マニュアルや手順書のとおり業務を行うことに精一杯の時期が続く。福祉の教育を受けた人であっても、講義や実習で学んだことだけで現実の業務が行えるわけではない。悩んだり、反省したり、時には希望を失いそうになることもあるだろう。ケアに限らず、厨房や事務所で働く初任者にも同様のことがいえる。

● 現場の仕事には、解決すべき問題が詰まっている。仕事に対して「受け身」でいると、見えるはずの問題も見えてこない。職場に慣れるにしたがって、積極的・自律的に仕事に向き合うように努めることが、キャリアを積み重ねていく第一歩になる。

● 第5章では、ホスピタリティの向上という視点を常にもちながら利用者の安心・満足に資するような関係性をつくりあげていくことが、福祉の仕事であることを学ぶ。そのうえで業務標準やマニュアルを、「理解できないけれど、従うもの」ではなく、サービスの質を向上させる出発点として捉え、その延長線上に問題の発見・解決の道筋を見つけることができるように、初任者として取り組むべきことを学んでいく。

構　成

❶ 福祉サービスの特性を知り、問題発見の基礎にする
❷ サービス提供における問題の発見
❸ 業務上の問題解決の必要性を理解する
❹ 業務を振り返ることを習慣にする
❺ 業務改善と実践研究

🍵 *ティータイム* …………………………………… 初任者の思いと問題解決

1

福祉サービスの特性を知り、問題発見の基礎にする

1 福祉サービスの特性を知る

サービス業のなかでも、福祉サービスには、より注目すべき特性がある。

■福祉サービスの多くは欲しくて求める商品（サービス）ではないこと：利用者は自ら求めて孤独になったり、障害をもったりしたわけではない。
■情報の非対称性が存在すること：サービス提供者と利用者（需要者）との間に、質的・量的な情報の格差が存在する。このため、利用者は提供されるサービスの内容を予測することが困難である。
■サービス需要の背後にある問題を捉えることが重要であること：直接求められるケアなどのサービスとともに、その背後にある経済的・家庭的・社会的問題を捉えることが重要になる。
■共同指向的であること：サービスを提供する側とサービスを受ける側とが互いに協力することが必要になる。
■公共性・継続性が強く要求されること

2 福祉サービス利用者の特性を理解してよりよい関係を築く

福祉サービス利用者には、自らの意思や要望を表すことが困難な人が多い。このため、問題を明らかにし解決していくためには、サービスを提供する側（職員）に敏感で繊細な関わり方が求められる。さらに、サービスが提供される場や過程では、1人の職員が1人の利用者に向き合って仕事をすることが多い。利用者は自身の住まいや施設、つまり自身の居る場所で職員と直接ふれ合ってサービスを受けている。

◉**よい関係が基礎**：利用者は、ひとりの独立した存在（人格）であり、その人だけの人生の軌跡を有し、それぞれの人生観をもち、感情をともなった存在である。「情報の非対称性の存在」や「評価が主観的である」ことによって、画一的な対応では満足を得られないことが通常であり、解決すべき問題は常に発生するといってよい。このため、福祉サービスにおいては、提供側と受ける側との関係のあり方が、一般のサービス業に比べ、より重要と考えられる。福祉の職場での問題解決（問題を発見し、解決していくこと）は、利用者とのよい関係を築きあげることを基礎にして考えていかなければならない。

3 ホスピタリティをもって仕事に取り組む

ホスピタリティとは、ホスピスなどと同じ語源をもち「もてなす心」といえる。利用者に誠意を感じとってもらう関わり合いである。知識や技能だけではなく、利用者に幸せを感じてもらえるための基礎となるものであり、利用者の人格を尊重し、人権を大切にする気持ちである。このような関わり方をもつことによって、利用者の満足が高まり、「この職員なら安心」と思ってもらえるようになるだろう（**図表5-1参照**）。

●**人間観・福祉観**：福祉の仕事は、もてなしの心で接し、利用者に満足（喜び）を感じてもらえることに重点が置かれる。知識や技術はもちろん大切だが、職員の人間観や、福祉観も常に問われているのである。初任者の間は、技術や仕事の手順を覚えることで精一杯な時期であると思われるが、常にホスピタリティの向上という視点で捉えながら仕事に接することが、新たな問題（将来の問題）の発見・解決の道筋につながる。このことを常に意識しよう。

●**業務を客観的に振り返る**：「がんばったから！」だけでは主観的な満足に終わってしまう。次の機会にもっとホスピタリティを高めたサービスを提供するためには、問題を客観的に見つめ、仕事を振り返ることが必要である。業務の内容を６Ｗ２Ｈにそって振り返ってみることで、問題をより正確に早く見つけることができるだろう（**図表5－2**参照）。

●図表5－1　ホスピタリティを高めて感動のサービスを提供する

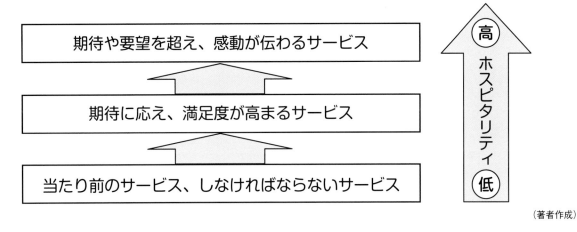

（著者作成）

●図表5－2　６Ｗ２Ｈを使って仕事を振り返る

６Ｗ２Ｈ		チェックする内容の例
Why	なぜ、何のために	業務の目的や理由を明確に理解していたか 業務の目的にそって行われたか
Who	誰が	自分の役割を理解していたか
Whom	誰に	誰のための業務か、利用者中心になっているか
What	何を	何を行わなければならないのか理解していたか 行わなければならない業務は遂行できたか
Where	どこで	業務を行う場所は適切であったか
When	いつ	時期、時間を意識して業務にあたったか 開始時間、業務時間は守られたか
How	どのように	方法や手段を理解して業務を始めたか 準備や業務のプロセスは正確で快適だったか
How much	どのくらい	提供したサービスは費用に見合っているか むだはなかったか

（著者作成）

2 サービス提供における 問題の発見

1 問題は何かを理解する

　問題という言葉にはさまざまな意味があるが、職場における問題とは、「よりよいサービスを提供していくうえで解決しなければならない事柄」ということができる。大切なことは、問題を問題のままでとどめるのではなく、業務改善につなげていくことだ。そのために、問題を見逃さないことに気を配る必要がある。

　初任者が直面する職場の問題は、主に以下の2つである。
■サービスのレベルを維持するうえでの問題
　・手順書やマニュアルに定められた仕事を、決められたとおりに行うためにはどうしたらよいのだろうか。
　・標準とされる時間ではどうしても仕事が終わらない。
■サービスを向上させるための問題
　・「当たり前」だとして指示され行っていることについて、「もっとよい方法はないだろうか？」と考える。
　・もっと安全安楽な方法でケアができないだろうか。

2 問題を解決するために考えて行動する

　初任者が仕事に慣れるまでには、たくさんの壁に直面する。そのときに、あきらめず、上司や仲間といった周囲の力も借りながら、壁を乗り越え、問題を解決することが必要だ。壁を乗り越えるためには、特別な才能は必要としないが、努力が必要なことはいうまでもない。

●**問題解決のために必要な努力**：人は壁に直面するとさまざまな行動をとる。問題の捉え方は、その人の気持ちのもちようと行動によって、**図表5−3**のように分けられる。①のように考え行動することを心がけよう。

●**行動し考え修正する**：初任者には、職場のルールや、基本的な仕事の手順を間違いなくできるようになることが、まず求められる。その際に、考えたり、先輩の意見を聞いたりして、行動や考えを修正していくことを心がけることが大変重要である。「言われたとおりやればよい」「自分なりのやり方に固執する」「やってみることもしない」等、行動し考えることから外れてしまうことは、問題をつかみ解決する職員に成長するためのスタートでつまずいてしまうことになる。

3 決められた方法を考えながら正しく実行する

●**「方法」が決められた「理由」を理解する**：初任者に最初に求められるのは、「決められた方法で、正しく仕事をすること」であり、これが最初の「あるべき姿」ということができる。仕事のやり方を理解したうえで業務を遂行することが、まず肝心である。「方法」が決められたのには必ず理由がある。わからないけれど「ただ従えばよい」のではいけない。なぜ「こうすべき」なのか考え、指示の内容を理解し、そのうえで「正しく」仕事を行うよう努めなければならない。

◉**「ギャップ」に気づく**：初任者が指示される内容は、仕事を「あるべき姿」に近づけようとする組織の働きから生まれてきている。入浴介助を例にとれば、職員や器具の配置、ケアの手順、要求される態度……など、全てのことが、利用者の安全や安心を確保しながら快適な入浴介助を行い、身体の清潔を保ち安らかな気持ちになってもらいたい、という「あるべき姿」を実現するために定められているといえる。初任者が直面する「問題」の多くは、実際と「あるべき姿」とのギャップ（ズレ）である。そのギャップ（ズレ）を意識することが大切だ。

◉**SDCAサイクルを意識する**：決められた方法で仕事を正しく行うために、それぞれの業務にはやるべきことの基準（スタンダード）が決められている。業務標準にそって実行し、その過程や結果が標準にそっているかどうか評価・確認し、次の仕事に生かし続けることが求められる。このプロセスをSDCAサイクルという。漫然と仕事をこなしていくのではなく、SDCAを意識しながら仕事に取り組むことは、初任者にとってとても重要なことである（**図表5−4参照**）。

●図表5−3　問題の捉え方

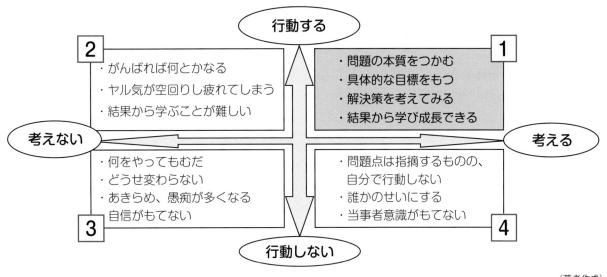

（著者作成）

●図表5−4　SDCAサイクル

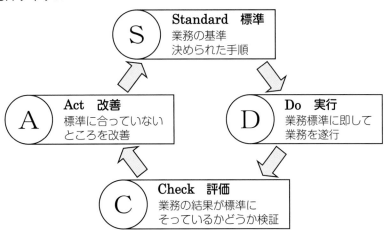

（著者作成）

3 業務上の問題解決の必要性を理解する

1 問題を見逃さないために「感度」を高める

　問題を見逃さないためには、問題に対する「感度」が高くなければならない。業務を行うなかで、問題が発生していても「何も感じない」あるいは「感じてはいるが対処しようと思わなかった」「先送りしてしまった」のでは、問題の解決につながらない（**図表5-5参照**）。

◉**問題を把握する力**：「感度」が低くなっていると、目の前に見えている問題も問題として捉えられない。よい結果を生むためには、業務を行ううえでの「感度」を高めることが大切だ。「感度」はもって生まれた才能ではない。利用者に寄り添う心（ホスピタリティ）を基礎に磨いていくものである。

2 日々の仕事で生じる問題の解決方法を理解する

　初任者であっても、訓練期間が終われば1人で利用者に接する場面が多くなる。目的や手順が定められた業務から始まるのが通例だが、決められた仕事だからといって問題が生じないわけではない。目標が達成できない、時間内に終了しない、利用者から不満が出る……など解決すべきこと（問題）は、多々生じるだろう。

◉**ルーティン業務**：問題は頭のなかで考えて生まれてくるものではない。問題は「現場で起きている」ことである。現実に起きていることと「あるべき姿」とのギャップ（ズレ）が問題であり、それを把握することから解決のための行動がはじまる。職場における問題には3つの種類（**図表5-6参照**）があるが、まず日々の仕事で繰り返される業務（ルーティン）でのギャップ（ズレ）をなくし、サービスのレベルの維持を図ることが重要である。ルーティン業務は、確実に処置しなければいけないことであり「処置すべき問題」といわれる。できて当たり前と思われている業務でも、初任者の場合、確実に行うのは難しいことが多いだろう。ルーティン業務を手順どおり確実に行うために考え行動することが、初任者にとって問題解決の第一歩であると受け止めてほしい。

◉**「逸脱」「未達」**：ルーティン業務を行っていると、手順どおりにできなかったり、時間内に処置が終わらなかったりといった問題が生じることがある。「逸脱」や「未達」といった問題だ。初任者がしばしば直面することだが、もし、解決したいと思わなかったり、思っても対処しようとしなければ、問題は事故や苦情・トラブルに拡大してしまうこともある。

◉**チームワークの基礎**：初任者が最初に取り組む問題解決は、ルーティン業務をきちんと遂行できるようになるために、「逸脱」や「未達」から逃げず、確実に対応することだ。「安全で安心なケアを提供する」などの仕事の目的を達成するためにも、初任者として期待される役割や機能を果たすよう努力することが、チームワークの基礎となる。

　いまの「問題」には、将来の事故やトラブルの「芽」が潜在している。「いつもの」「同じこと」を確実に遂行できるようになることが、将来に備えることにつながる。

●図表5-5　問題に対する感度を高め、問題解決へ向かう

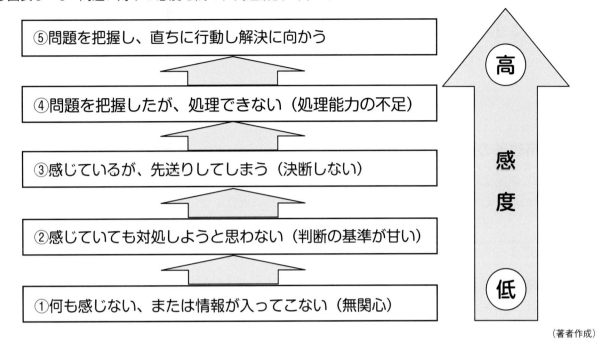

⑤問題を把握し、直ちに行動し解決に向かう

④問題を把握したが、処理できない（処理能力の不足）

③感じているが、先送りしてしまう（決断しない）

②感じていても対処しようと思わない（判断の基準が甘い）

①何も感じない、または情報が入ってこない（無関心）

高

感
度

低

（著者作成）

●図表5-6　問題の種類と初任者の役割

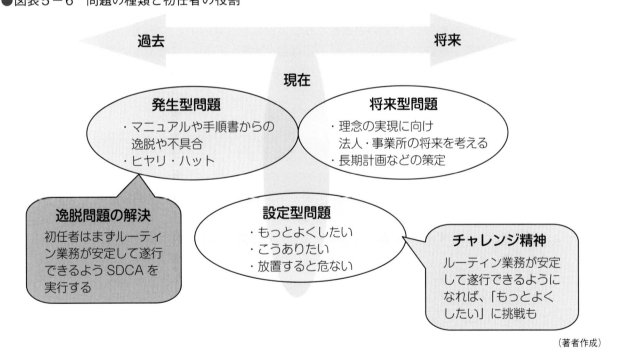

過去　　　　　　　　　　　　　　　　　　　将来

現在

発生型問題
・マニュアルや手順書からの
　逸脱や不具合
・ヒヤリ・ハット

将来型問題
・理念の実現に向け
　法人・事業所の将来を考える
・長期計画などの策定

逸脱問題の解決
初任者はまずルーティン業務が安定して遂行できるようSDCAを実行する

設定型問題
・もっとよくしたい
・こうありたい
・放置すると危ない

チャレンジ精神
ルーティン業務が安定して遂行できるようになれば、「もっとよくしたい」に挑戦も

（著者作成）

業務を振り返ることを習慣にする

1 業務改善の意識をもち続ける

　常に問題意識をもち続けながら仕事にあたることは、どのような仕事でも重要だが、福祉の仕事を進めるうえでは、業務改善の意識をより高くもつことは、とりわけ重要である。第1節でも述べたように、福祉の仕事には固有な特性があり、業務の全体を絶え間なく見直していくこと、利用者一人ひとりとの関係を個々に築いていくこと、この両面の努力が必要とされるからだ。

●**当事者意識**：職場には問題が山のようにある。その問題を他人事ではなく自分に関わりのある問題として捉えるようにしたいものだ。主体的に問題に関わる態度（当事者意識）が求められているのだ。当事者意識をもって問題を発見し、解決に向かって行動することが、自己の成長と組織の活性化をうながす。与えられた仕事をただこなしていくのではなく、仕事のなかから問題を見つけ、その解決に向かって努力することが、自らの成長につながる。初任者のうちに、そうした姿勢を身につけてほしい。

2 「自責」の発想で問題を捉える

　自責の発想とは、指示された目標が達成できないのは、「自分の能力がいまだたりないから」「自分の努力がたりないから」「自分の勉強がたりないから」と対応することだ。「自責」の反対に「他責」がある。目標が達成できないのは、「上司の指示が悪いから」「目標が高すぎるから」「制度が悪いから」……と、原因を自分以外に求めようとする対応だ。

●**自分と未来は変えられる**：「過去と他人は変えられない」という言葉がある。逆に考えれば「未来と自分は変えられる」。「自責」というと、何でも自分の責任にされてしまうような気がするかもしれないが、そうではない。仕事に向かう姿勢を表す言葉として受け止めてほしい。

●**プラスのスパイラルをつくる**：「自責」の発想に立つことができれば、自分を変えようと努力するだろう。新しい仕事を命じられたとき、練習をしたり、本を読んで勉強をしたり、先輩職員や上司に相談したりする。「自責」は、自分を変える、努力をすることで、着実に「成長」していくための、考え方として理解してほしい。自分から行動することによって、少しずつ前へ進むことができる。前へ進むことを実感したとき、モチベーション（やる気）が高まっていくだろう。らせん階段を上っていくようにプラスのスパイラルを自分からつくっていくことが求められている。決して、何でも「自分が悪い！」と考えることではなく、前向きに改善につなげる考え方である。

3 「あるべき姿」と「実際の姿」のギャップを見つける

　第2節で、「あるべき姿」と「実際の姿」のギャップ（ズレ）が「問題」であると述べた。つまり、問題を明確にするためには「あるべき姿」と「実際の姿」を正確に把握することから出発しなければならないことになる。問題を見つけるためには、実際の姿をしっかり把握しなければならない。現状の正確な把握が問題解決の土台になる。現状をしっかり把握することができれば、「ある

べき姿」とのギャップ（ズレ）を発見することができる。

　問題解決の正しい順番は、ギャップ（ズレ）を発見することが最初である。ギャップ（ズレ）を見つけることができれば、どのようにそれを埋めていくかを考える道筋に至ることができる。「モグラたたき」のように、出てくる問題にその場限りで対応しているばかりでは、真の問題解決に至らない。

◉「**組織の一員になる**」：法人・事業所、事業所内の各部署にも理念や目的があり、目的を実現するために目標が定められている。初任者も組織の一員として、組織目標を達成するために果たすべき役割が与えられている。初任者の場合は、さしあたっての目標は、「組織の一員になる」ことである。職場で何をすべきなのか、業務で何を期待されているのかなどといったことが「あるべき姿」と理解してよいだろう。決められた仕事とは何かをしっかり理解して、同時に、自らの現状を見つめることが、問題を発見し成長するスタートになるだろう。

◉**個人の目標を描く**：個人の目的や目標を描くことも大切である。目的とは「方向」を示すことであるから「どのような人生を送りたいのか」「職業人としてどのように成長したいのか」ということと言い換えることができる。方向性が決まれば、例えば後輩を迎えるまでの1年間に、どのように成長していきたいのかという「目標」が見えてくるだろう。組織人として、ひとりの人間として、「あるべき姿」を描き、そこに近づくための努力を着実に進めるようにしたいものである。

●図表5－7　問題はあるべき姿と現状のギャップ（ズレ）から見えてくる

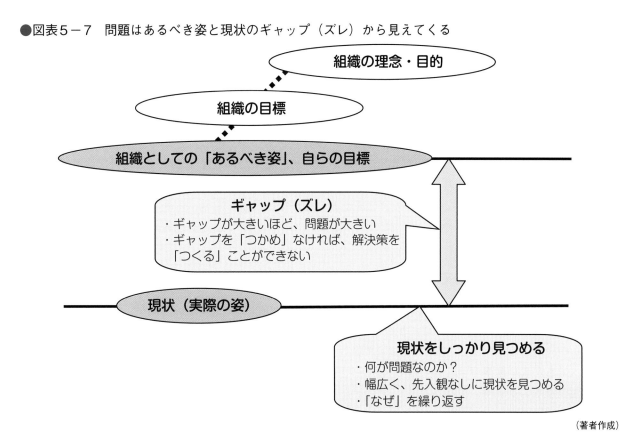

（著者作成）

業務改善と実践研究

1 日々の業務を振り返り、問題を把握する

　組織の一員として「決められた方法で、正しく仕事をすること」ができれば、それでよいのだろうか。決してそうではない。決められたことを正しくすることができただけでは、これから起きる問題、隠れている問題に対応する力はついてこない。さらに高いレベルの「あるべき姿」に向かって、ギャップ（ズレ）を埋める努力をしていかなければならない。

　●**日々の仕事を事実にそって振り返る**：そのためには、現状に満足せず、問題を把握する力のレベルを向上させる努力が望まれる。前節で「現状（実際の姿）を把握する」ことを述べたが、実際の姿を見つめるとはどのようなことだろう。確実にできる方法は、日々の仕事を「振り返る」ことだ。
　振り返りは、あくまで事実をもとに行うことが基本である。
　利用者から「暴言を吐かれた」と記載されたケア記録を見たことがある。利用者にどのように接し、どのような状況のもとで言われたのか具体的に記していない記録である。これでは、なぜ「暴言」を吐かれたか、どのような「言葉」を言われたのかが何もわからない。オムツ交換の際に、「痛いよ、あっちへ行って！」と言われたのか、他の職員と間違われて「怖い！ 来ないで！」と言われたのか、その職員が「暴言」と受け止めた「結果」だけが事実ではないだろう。どのような場面で、どのようなプロセスで、どのような「言葉」が発せられたのかが事実にそって客観的に記録にとどめられていなければ、ケアの改善に取り組むことができないことが理解できるだろう。

　●**サービスの提供過程も含めて振り返る**：振り返りを行うときには、法人・事業所の理念、職場の目標に照らして、現場で起きた事実を見つめることも大切だ。「利用者の人格と尊厳を大切にする」という趣旨の理念を掲げている法人・事業所が多いが、一つひとつのケア（利用者との関わり合い）が、理念に照らしてできていたかどうか、結果だけではなくサービスの提供過程（プロセス）も含めて振り返ることが大切だ。仕事の結果に一見問題がないように見えればよいのではないからだ。事故もなく入浴ケアを終えることができたとしても、羞恥心への配慮や、個人的な配慮が欠けていることはなかっただろうかと、振り返りができるよう努力しよう。

2 実践研究的な姿勢で問題解決に臨む

　振り返りは、事実に基づいて問題をより明確にする方向で行うことが大切だ。問題を見つけることができれば、「あるべき姿」とのギャップ（ズレ）を埋めるための方策を立てることができるからだ。現状を「あるべき姿」に近づけるように、計画し実行していく習慣を身につけてほしい。
　誰もがよい仕事をしたいと思って毎日の業務にあたっているだろう。この思いを実行する道筋が問題解決のプロセスである。

　●**「現場」で働いているからこそできる「研究」**：実践のなかから生まれた切実な思いや必要性に気がつかないと、よい結果にならなかったり、サービス提供で不満足を与えてしまったりすることがよく起きる。あるべき姿に近づくために、「ケアの改善をしなければならない」「利用者の意欲

を高めるためにはどうしたらよいのだろう」「自分の知識や技術を高めていきたい」など、さまざまな思いを福祉で働く人たちは皆もっているだろう。こうした思いを効率的・合理的に解決していくために、「研究」的な視点で問題解決に臨むことが求められる。

「研究」と聞いて、難しく考える必要はない。「現場」で働いているからこそ感じとることを、一つひとつ改善していくことと捉えてほしい。研究という言葉の意味のとおり、問題を「研ぎ澄まし」（＝よく分析して）、「究める」（＝問題の原因を明らかにすること）と考えよう。

●**内発的な動機と外発的な動機**：問題に基づいて学び、研究するスタイルには2つの方法がある。1つは、やらなければならない事柄を与えられ、それを学んだうえで、現場の仕事に適用していく方法で、「外発的」な動機に基づくものといえる。2つ目は、自ら問題を発見し、問題解決のためには何が必要か自分（たち）で考え、それについて学び、現場に適用していく、適用してまた新たな問題を発見するやり方だ。これは「内発的」な動機といえる。
　　初任者のうちは、外発的な動機で仕事に立ち向かうことで精一杯の時期があり、問題は見つけるのではなく与えられることが多いだろう。しかし、仕事に慣れるなかで第2の方法である、「内発的」な動機による問題解決に取り組むことを意識して身につけるようにしなければならない（**図表5－8参照**）。

●図表5－8　内発的な動機で「研究」ができるようになろう

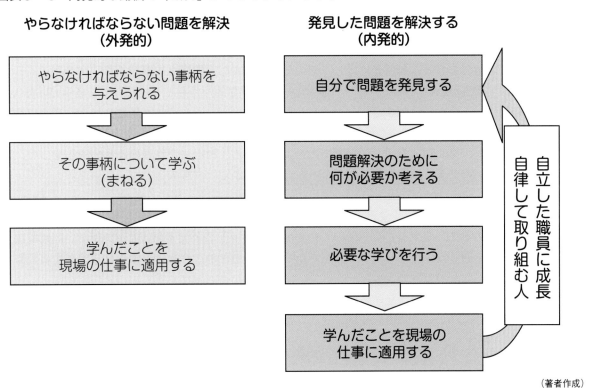

（著者作成）

初任者の思いと問題解決

　仕事に慣れていくことが「惰性」に陥らないためには、どうしたらよいのだろう。技術を覚えひととおりの仕事をこなせるようになればそれでよいのではない。「自立」して業務が遂行できると同時に「自律」して業務に取り組む姿勢が求められる。

　ある有料老人ホームに介護職員として就職した同期の4人は、「初めてなことばかり」に直面した。日常の業務には徐々に慣れていったが、利用者とのコミュニケーションをとることの難しさはなかなか解決できなかった。

➡　4人で話し合い、自分たちの介護現場でのコミュニケーションを見直してみることにした。許可を得て、利用者との会話を録音し、皆で聞いてみた。その結果、自分たちには「対話」が少なく、一方的な「声かけ」が主になっていることに気がついた。

➡　そのうえで、先輩職員のコミュニケーションをよく観察してみると、対話が多く、話の内容にも発展性が多くみられることがわかった。

➡　自分たちにたりないものは何なのか話し合った結果、コミュニケーションがうまくいかないのは、「利用者の情報をほとんどもっていない」ことが大きな原因ではないか、と気づいた。

➡　そこで、利用者の入所前の情報などを知り、それを反映させれば、なんらかの変化を得られるのではないかと考え、介護記録だけではつかみきれない情報を、先輩職員から集めることにした。集めた情報は、生活史・趣味・家族・好きなこと・嫌いなことなど。自分たちが知らない情報が、たくさん集まった。

➡　集まった情報をもとに利用者に接し、その様子を録音し、前回との変化を探ってみた。

➡　以前は「天気がいいですね」「そうですね」という単発的なやりとりになってしまっていたAさんの場合、Aさんが教師をしていたという情報をもとに、「学校では運動会のシーズンですね？」と聞いてみたところ、「そうだね！」とAさんの表情が変わった。さらに、「○○で教師をしてたのよ、昔は50人以上の学級だったのよ」……と、次々にご自分のことを語りだした。

➡　以前のケアのときとは異なり、Aさんの表情は柔らかく、声も大きくなっていた。

➡　この取り組みを通して、「業務をこなすことに一生懸命になりすぎていたかもしれない」「利用者を見つめることが少なくなっていたのかもしれない」ことに4人は気がついた。問題解決のプロセスを通じて、日常の会話やしぐさなどから利用者のことをより深く知ろうとする姿勢を身につけることができた。

➡　また、よいコミュニケーションを築くことから、さらに早期の異変の発見に結びつけていきたいという「これからの課題」も見つけることができたという。

➡　問題解決をまとめた文章の最後は、「利用者一人ひとりには貴重な歴史がある、それは宝物であり、探し続けていこう」と結んであった。

リスクマネジメント

第**6**章

福祉サービスとリスクマネジメント

目 標

- ◉リスクとは何だろうか。リスクマネジメントとは何だろうか。

　第6章では、はじめに、リスクやリスクマネジメントの基本的な考え方を知る。それをもとに、福祉サービスのリスクとは何か、なぜ福祉サービスにリスクマネジメントの概念がもち込まれるようになったのかを知る。

- ◉次に、福祉サービスのリスクにはさまざまな側面があるものの、サービス提供中の事故・過誤や苦情対応のリスクマネジメントを最優先にすることを知る。

- ◉さらに、昨今、福祉サービスが施設のみならず地域社会でも広く提供されるようになるなか、これらのサービス提供現場では、どのような事故・過誤や苦情が発生しているのかを知り、それらの特徴と、それらが発生する背景を知る。一方、リスクマネジメントの取り組みを進めるうえでは、組織のルールや利用者との約束事を守ることが重要であり、それが福祉サービスの安全や安心につながることを知る。

- ◉知識がなければ、適切な判断や実践につながらない。ここでは、リスクマネジメントを学ぶ際に必要な知識を得ることを目標とする。

構 成

- ❶ 福祉サービスのリスクマネジメントについて知る
- ❷ 福祉サービスに関わる事故や過誤を知る
- ❸ 福祉サービスの苦情について知る
- ❹ ルールや約束事を守ることの重要性を知る
- ❺ 福祉サービスには安全と安心が求められることを知る

☕ *ティータイム* ……………………………………………………… まずは知ることから

1 福祉サービスの リスクマネジメントについて知る

1 リスクとは何か、リスクマネジメントとは何かを知る

リスクの定義は近年では、「目的に対する不確かさの影響」とされている。わが国の福祉分野では、ある行動にともなって生じる損失や危険の可能性という意味で用いられることが多い。

リスクマネジメントとは、それら損失や危険の可能性を予見し、損失や危険が生じないよう対策を講じるとともに、不幸にして損失や危険（事故など）が生じた場合、その被害が拡大しないように対処する経営上の手法のことをいう。

2 福祉サービスのリスクには、どのようなものがあるかを知る

私たちが、日頃利用者等に福祉サービスを提供するうえでは、リスクは避けられない。それでは、直接サービス提供に関わる職員は、どのようなリスクを身近に感じながら日頃の業務を行っているのだろうか。数の多いものでは、次のようなリスクが考えられる。

・利用者の転倒・骨折、誤嚥等の事故
・配薬ミスなどの過誤、利用者送迎中の事故
・ノロウイルス、インフルエンザ等の感染症発症
・利用者や家族からの苦情申し立て

その他、通勤途上の交通事故、人事異動、家族の介護や病気、自らのバーンアウト、セクシュアルハラスメント等もリスクである。経営の視点では、**図表6－1**のように分類されている。

3 福祉サービスにリスクマネジメントが必要とされた背景を知る

福祉サービスにおいて、リスクマネジメントの検討が本格的に始められたのは、1999（平成11）年頃からである。なぜ、この時期に福祉サービスのリスクマネジメントが検討されるようになったのだろうか。それには次のような3つの理由がある。

◉**措置から契約への移行**：措置制度のもとでは、施設等で働く職員は、身分上準公務員扱いであったため、職員が利用者にケガをさせるなどの事故があっても、被害者となった利用者等は、職員に対し直接損害賠償請求ができない仕組みとなっていた。しかし2000（平成12）年以降、措置制度から契約制に移行した事業種別では、措置制度のもとでは問われなかった損害賠償等の対応を、法人の責任として行う必要性が生じた。

◉**医療過誤訴訟の増加**：1999（平成11）年には、首都圏の大学病院で発生した患者取り違え事故が大きく報道された。このころは院内感染事故もクローズアップされるなど、連日のように医療事故や医療過誤（本章第2節**1**参照）の報道がなされていた。当時は民事訴訟全体のなかでも医療過誤訴訟等が急増しており、老人福祉施設等を中心に、サービス提供中の事故や過誤によって生じる可能性がある訴訟や損害賠償請求のリスクに、非常に多くの関心がよせられていた。

●**身体拘束禁止と安全確保対策の両立**：2001（平成13）年、厚生省（当時）が身体拘束ゼロ作戦を掲げ、身体拘束ゼロへの手引が公表された。これにともない、介護保険法にも身体拘束禁止規定が盛り込まれた。しかし、それまでは、利用者の安全確保のためと称して身体拘束を日常的に実施している特別養護老人ホームが多かった。法的に身体拘束禁止が打ち出されたことで、特別養護老人ホームでは、身体拘束廃止と利用者の安全確保の取り組みを同時に進める必要が生じた。

4 サービス提供にともなう事故や苦情のリスクマネジメントを最優先する

　このような背景により、福祉サービス提供現場ではリスクマネジメントの取り組みが必要となった。

　2002（平成14）年3月、厚生労働省から福祉サービスのリスクマネジメントに関するガイドライン「福祉サービスにおける危機管理（リスクマネジメント）に関する取り組み指針〜利用者の笑顔と満足を求めて〜」がガイドラインとして出された。

　一方、全国社会福祉施設経営者協議会（現 全国社会福祉法人経営者協議会）においても、同年「社会福祉法人・福祉施設におけるリスクマネジメントの基本的な視点」がガイドラインとして出された。本ガイドラインは、2016（平成28）年に、近年の社会環境の変化を踏まえ改訂版が発行された。

　福祉サービスのリスクは、**図表6−1**のようにさまざまな側面があるが、前述の指針の副題に「利用者の笑顔と満足を求めて」と記されているとおり、サービス提供中の事故・過誤や苦情のリスクマネジメントを最優先に取り組むことが求められている。これら2つのガイドラインには、福祉サービスのリスクマネジメントの目的は、「利用者の尊厳を守る」ことだと明記されている。

●図表6−1　福祉サービスのリスクと発生形態

損失の発生要因 （リスク）	損失の発生形態 （事故や過誤の形態）
1. 事故・災害	火災・爆発 落雷・地震・津波被害・風水害 医薬品の事故 労働災害・交通事故 コンピュータトラブル
2. 賠償責任・リーガルリスク	施設設備の不備・欠陥 役職員の不法行為 サービス提供中の事故や過誤 施設内感染・食中毒 法令違反・人権侵害
3. 労務	雇用・異動・出向等 役職員の不正・犯罪
4. 財務	キャッシュフロー 投資・投機の失敗
5. 政治	法・制度改正 規制緩和
6. 社会	少子高齢化・人口減 脅迫・暴力

（全国社会福祉法人経営者協議会「社会福祉法人・福祉施設におけるリスクマネジメントの基本的な視点」2002年をもとに著者が一部改変）

第6章

リスクマネジメント

福祉サービスに関わる事故や過誤を知る

1 事故や過誤の種類を知る

　福祉サービス提供にともなう事故にはどのようなものがあるのだろうか。はじめに、事故と過誤の違いを整理し、次に、福祉サービス提供現場では、どのような事故や過誤が発生しているのかについて整理する。

◉**事故と過誤の違いとは**：過誤とは、やり損じや誤りのことをさす。福祉サービスでは、職員の不適切な行為がもとで発生するものが過誤である。一方、事故とは、思いがけず起こった悪い出来事のことをさす。事故は職員の不適切な行為だけでなく利用者の行動によっても生じる。事故のうちの一部が過誤であるといえる。

◉**サービス提供にともなう事故**：全国社会福祉協議会が2000（平成12）年に作成した「福祉サービス事故事例集」によると、当時どの種別の法人・事業所においても、転倒事故が多く発生していることや、利用者の歩行・移動中に事故が多く発生していることがわかる。この報告書では、事故と過誤の区分は必ずしも明確にはされていないが、歩行・移動中の転倒は、過誤をも含む事故と捉えることが妥当であろう（**図表6−2参照**）。

◉**サービス提供にともなう過誤**：職員が、利用者に対し直接サービスを提供することにともなう過誤として、配薬ミス、職員の手洗いの不備による食中毒などの感染症発症、移乗介助時の皮膚等の擦りむけ、見守りの不備による転落などがある。他に、ベッドや車いす等の福祉用具、福祉車両や特殊浴槽等の取り扱いの不備による過誤も生じている。

2 事故や過誤の発生原因の傾向を知る

【過誤の特徴】 —— 業務を安易に捉えてしまう

　利用者の介助等の業務は、専門的な知識と技術を要する業務である。マニュアルやチェック表等を確認しなくても業務が行えると安易に考えてしまうと、思わぬ事故や過誤につながる可能性がある。福祉職場では、気の緩みによる手順の見落としや手順からの逸脱など、業務を安易に考えてしまうことによって過誤を生じさせている場合が多い。配薬ミスは、その典型といえる。

【事故の特徴】 —— サービス利用者の協力を得にくい

　福祉職場で多く発生している転倒事故は、利用者の行動が原因で発生することが多い。転倒事故は、病院などの医療機関でも多く発生している。病院などでは、患者の多くは転倒の危険を認識できるため、自ら転倒しないように気をつけたり、医師や看護師などと協力して転倒予防に取り組むことができる。しかし福祉職場では、利用者の特性から、利用者の理解と協力が得られるとは限らないという特徴がある。つまり、福祉職場と医療機関では、同じ転倒事故でもそれが発生する背景に違いがある。

3 利用者等の変化がもたらす事故や過誤を知る

　近年、障害者施設では、利用者の高齢化が進むことにより、職員には、新たに認知症などの高齢者福祉に関する知識が必要となってきている。一方、介護施設では、医療処置を必要とする高齢者が増え、新たに基礎的な医療知識が必要となってきている。職員にこれら新たに必要となる知識がないと、思わぬ事故や過誤を引き起こす危険性がある。

　図表6−2では、どの施設種別も転倒事故が1位を占めているが、近年、特別養護老人ホームでは、誤嚥事故の割合が増加しつつある。これには、入居者の状態像の変化に職員の知識や技術が追いついていない可能性も考えられる。

　一方、地域では孤独死の問題がクローズアップされるなど、人々の孤立・孤独の問題や社会的な排除の問題などが顕在化してきている。『社会的な援護を要する人々に対する社会福祉のあり方に関する検討会報告書』（2000（平成12）年12月8日）資料2「福祉サービス対象者数年次比較」参照。

　対象者の広がりと、人の目が届きにくい状況は、思わぬ事故につながる要素をはらんでいる。介護分野をはじめ、措置制度から、自らの意思に基づく契約制に移行した分野では、利用者によっては契約制にうまくなじめずに必要なサービスを依頼できず、結果として必要なサービスを受けられないことが、事故につながりかねないことも知る必要がある。

4 サービス提供の場の多様化がもたらす事故や過誤を知る

　近年は、施設種別に関わらず、福祉サービスが福祉施設内だけでなく、地域でも広く展開されてきている。それにともない、利用者の送迎等も増え、利用者の送迎中の交通事故が増える傾向にある。一方、地域社会でも、高齢者や障害者等の街中での転倒事故、駅のホームからの転落事故、認知症高齢者が家に帰れなくなってしまい、行方不明となってしまうような事故なども増えてきている。いまや、福祉職員でなくても、車いすの操作の仕方や、認知症高齢者への基本的な対応方法などを知っておく必要が生じており、広く一般の方々への啓発活動などが行われるようになってきている。

●図表6−2

各施設において多く発生している上位3つの事故類型

施設種別	1	2	3
特別養護老人ホーム	転倒 198件 (50.0%)	誤嚥 37件 (9.3%)	転落 37件 (9.3%)
身体障害者療護施設	転倒 225件 (40.3%)	転落 62件 (11.1%)	打ち付け 62件 (11.1%)
知的障害者更生施設（入所）	転倒 86件 (34.8%)	利用者の行為 59件 (23.9%)	転落 16件 (6.5%)
保育所	転倒 36件 (30.0%)	打ち付け 36件 (30.0%)	転落 27件 (22.5%)
重度心身障害児施設	転倒 34件 (24.8%)	転落 17件 (12.4%)	利用者の行為 19件 (13.9%)

各施設において事故が多く発生している上位3つの業務場面

施設種別	1	2	3
特別養護老人ホーム	歩行・移動中 118件 (29.8%)	食事中 43件 (10.9%)	入浴時 42件 (10.6%)
身体障害者療護施設	歩行・移動中 135件 (24.2%)	入浴時 74件 (13.3%)	移乗時 59件 (10.6%)
知的障害者更生施設（入所）	歩行・移動中 74件 (30.0%)	食事中 18件 (7.3%)	入浴時 16件 (6.5%)
保育所	自由時間・遊び中 64件 (53.3%)	歩行・移動中 6件 (5.0%)	レク中 6件 (5.0%)
重度心身障害児施設	歩行・移動中 23件 (16.8%)	入浴時 13件 (9.5%)	食事中 12件 (8.5%)

（全国社会福祉協議会「福祉サービス事故事例集」2000年より）

福祉サービスの苦情について知る

1 福祉サービスで発生している苦情の内容を知る

　福祉サービスに関する苦情は、全国社会福祉協議会のまとめによると、2018（平成30）年度中に、都道府県運営適正化委員会に寄せられた総件数では、4,301件となっている。2014（平成26）年度比で、410件増である。その苦情内容の内訳を発生原因で見ると、職員の接遇が全体で最も多いことは憂慮すべき事態である（**図表6−3**参照）。

　苦情申し立ては、利用者が最も多く53.0％、次いで家族が36.5％である。事業種別ごとの苦情申し立て割合は、障害分野が54.5％と最も多く、次いで老人分野の21.5％、児童分野の12.3％と続く。

　福祉サービス提供の場が地域にも大きく広がるなか、地域住民の認知症高齢者や障害者に対する無理解による苦情やトラブルなども増えてきている。また、近年では家庭の経済的な理由など、利用者のみならず、利用者家族の抱える問題が複雑になることにともなう苦情も増えている。

2 福祉サービスの苦情の特徴を知る

　地域で暮らす人々の中で、あらかじめ福祉サービスの内容に関する知識のある人は、私たちのような従業者を除けばまれである。多くの人は、利用して初めて具体的なサービス内容を知ることになる。また、高齢者などの場合、本人の生活力や判断力が低下してきた段階でのサービス利用となるため、サービスに関する情報や、利用契約の内容に対し、利用者側の理解が十分に得られないこともある。このようなことが、サービス提供後の苦情につながりやすい。

　一方、利用者や家族は事業者に苦情を言いたい場面があっても、「お世話になっているから」と、我慢することもある。

3 苦情など利用者からの申し出には4つのレベルがあることを知る

◉**質問レベル**：わからないことなどを気軽に聞くことができるのが、このレベルである。法人・事業所では、玄関などに意見箱を設置する例がよくみられるが、形式的であまり活用されていない場合が多い。居住スペースを設置したり、子どもや車いすの利用者でも手が届く高さにするなど、利用者が質問や意見を申し出やすい環境を設定するなどの工夫が必要である。

◉**希望・要望レベル**：質問レベルの次に、「このようにしてほしい」と、利用者の意思がこめられるのがこのレベルである。契約締結時に申し出られる場合が多い。この段階では、利用者の希望や要望の期待値に対し、可能か不可能かを事実をもとに、わかりやすく伝え、納得が得られるよう、十分に説明することが望ましい。

◉**請求レベル**：いわゆる「苦情」のレベルである。利用者がサービス提供事業者になんらかの希望・要望を申し出たのに、いまだかなえられない状態にあるのがこのレベルである。請求されたことは速やかに実施することが必要である。請求レベルの苦情が多い場合は、事業者は利用者とのコミュニケーションの問題点を把握し、改善を図らなくてはならない。

◉**責任追及レベル**：請求されたことを実施しなかったり、事故等を起こすなど、利用者に対しなん

らかの損害を生じさせたときに責任追及がなされる。責任追及レベルの申し立てがあったり、事故が発生したときには、組織体制の見直しや、サービス管理のシステムに関する見直しを行うなど、組織として根本的な解決を図らなければならない場合が多い。

福祉サービスでは、「お世話になっているから」や、何を聞いてよいかわからないなど、その特性により、4つのレベルのうち質問レベルや希望・要望レベルの申し出は、なかなか言ってもらえないことを知っておく必要がある。私たちは、日頃から利用者の生活の場に出向くなど、利用者や家族がものを言いやすくなるような環境設定などの工夫を行い、利用者や家族の質問や希望・要望をできるだけ多く聞き、利用者の意向にそったサービス提供を早い段階で行うことが重要である。

4 苦情解決制度について知る

●**事業者による苦情解決（社会福祉法第82条）**：社会福祉事業の経営者には、自ら提供する福祉サービスについて、利用者からの苦情を適切に解決することが求められている。この第82条に基づき厚生省（現 厚生労働省）は平成12（2000）年に社会福祉事業の経営者による苦情解決の仕組みの指針を示し、苦情解決体制として、①苦情解決責任者、②苦情受付担当者、③第三者委員を設置し、苦情の解決にあたるよう求めた。

●**都道府県レベルの苦情解決の仕組み（社会福祉法第83条）**：都道府県社会福祉協議会には、福祉サービスに関する利用者等からの苦情を適切に解決するために、運営適正化委員会を設けることが求められている。

●**その他の苦情解決の仕組み　（介護保険法第176条第1項第3号等）**：介護保険事業には、介護報酬の請求先である国民健康保険団体連合会（国保連）や市町村等苦情の受付窓口としても指定されている。

●図表6−3　2018（平成30）年度　全国の運営適正化委員会に寄せられた苦情の種類

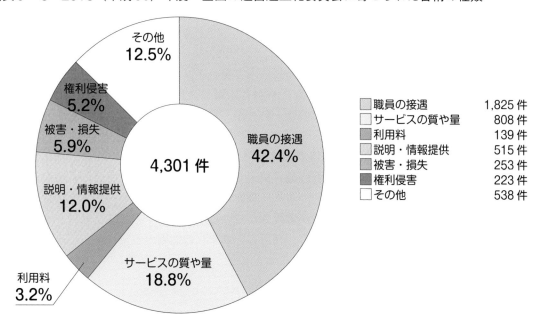

（全国社会福祉協議会「苦情受付・解決の状況 平成30年度都道府県運営適正化委員会事業 実績報告」2019年10月、12頁）

ルールや約束事を守ることの重要性を知る

1 ルールや約束事を守ってサービス提供する

　私たちは、車を運転する際には道路交通法に従う。店で買い物をする際には、代金を支払って店を出る。なぜ、私たちはルールや約束事を守るのだろうか。あらためて問われると、人としての道徳や倫理、社会人としての責任などと考えてしまうが、そもそも、そのほうがむだなトラブルも生じず、効率よく行動できるからである。

　仕事を行ううえでも同様である。ルールや約束事を守ることで業務にむだが生じにくくなり、効率的に仕事を進められるからだ。福祉サービスも、他の職業と同様に、限られた人的・物的資源を有効に活用して業務を行うという点からは効率的でなくてはならず、これらの資源の浪費は経営者のみならず、利用者にとっても大きな損失となる。

　私たちには利用者とその家族、働く職場や社会などとの間で交わしたルールや約束事があり、また法律に定めるルールや約束事もある。職場というチームで仕事を行ううえでは、必ずそのルールや約束事を守らなくてはならない。

2 利用者や家族との約束に基づきサービス提供する

　利用者と交わすサービス提供内容に関する約束事は、利用契約書やケアプラン等の書面により明確にすることが法的に求められている（図表6－4参照）。その効果には、次のような点がある。

◉**契約内容が明確となり、利用者の権利が守られる**：福祉サービスの利用者は、なんらかの支援を必要とする人々であるため、口頭で不利な契約をしてしまっても、その内容を家族等が知ることは困難であり、本人が変更または取り消すことはさらに困難となる。契約が書面により行われていると、家族等がその内容を確認することができ、変更または取り消しが必要なときは、書面の記載内容をもとに行うことができる。

◉**一貫したサービスの提供につながる**：サービス内容がケアプラン等の文書で明らかにされていると、サービス提供側の職員が替わっても、利用者に対し一貫したサービスが提供されるとともに、第三者が見ても、どのような内容のサービスが、利用者に提供されたのかを確認できる。

◉**法人・事業所がサービス提供に責任を負っていることが明確になる**：利用者と取り交わす契約は、サービスを提供する法人・事業所の職員個人ではなく、法人・事業所そのものが契約相手となっていることに留意が必要である。つまり、職員は、個人の判断でサービス提供を行っているわけではない。昨今、個別ケアの提供が重視されているが、個別ケアとは、職員が利用者に対し個別にサービスを提供することではなく、利用者それぞれの個別の希望に対し、事業者が統一したサービスを提供することである。

3 組織の理念や方針に基づきサービス提供する

　組織は目的集団といわれる。どの組織にも、組織が目指す方向性を定めた理念や方針がある。組織は理念や方針の達成に向け、職員一人ひとりがそれぞれ独自に業務を行うのではなく、職員が役

割分担してチームで業務に取り組む。なぜなら、職員が協力して課題に取り組むことにより、職員ひとりでは達成しえない成果を得ることができるからである。これをシナジー効果という。野球やサッカーなどの集団スポーツも同じである。職員が自らの判断で勝手な行動をとると、成果をあげることができないばかりか、衝突が生じ、組織にとっては大きなリスクとなる。

　組織が定めるルールには、組織独自の理念や方針の他に、就業規則をはじめとする経営管理に必要な各種規定類、また、利用者にサービスを提供するうえで必要な個人情報保護規程など、法的に作成が義務づけられているものもある（**図表6-5**参照）。

4 法や社会のルールに基づきサービス提供する

　通所介護事業所で、職員が利用者の送迎を行う際に、送迎用車両を利用者の自宅玄関の目の前にある消火栓の前に止めてリフト車を操作し、近隣の住民から苦情を言われるという例があった。職員が利用者の利便だけに目がいき、社会のルールを見落としてしまったことが大きな原因だ。私たちが利用者との約束事や、組織の理念や方針に従って福祉サービスを提供するときには、その土台に関係する法令や社会のルールがあることを忘れてはならない（**図表6-6**参照）。

　上述の例などでは、最近は、停車場所だけでなく環境に配慮して停車中のアイドリングストップも求められる傾向にあるなど、社会の価値観も常に変わる。これらは当然私たちにも求められるものである。このように、身近な社会のルールや価値観の変化にも、常に気を配る必要がある。約束事やルールを守ることは、個人だけでなく、組織にも求められることである。

●図表6-4　事業者と利用者が取り交わす約束事を表す文書の例

老人福祉 障害者福祉関係	利用契約書・重要事項説明書 ケアプラン 通所介護計画書等
児童福祉関係	利用契約書

●図表6-5　組織が定めるルールの例

就業規則　給与規程　旅費規程　個人情報保護規程 経理規程　事務処理規程　など

※就業規則は職員の目の届く場所に備えつける等の周知義務が事業主に課せられている（労働基準法106条）

●図表6-6　法や社会のルールの例

民法　刑法　労働基準法　労働安全衛生法　食品衛生法 建築基準法　消防法　道路交通法　等

※これら法やルールは、日本国憲法が示す内容と解釈に従い作成される。

（上記3図表はいずれも著者作成）

福祉サービスには安全と安心が求められることを知る

1 生活の安全と安心を守ることが福祉サービスであることを知る

　第2次大戦直後の日本には、親を失った子どもたち、障害を負った軍人、家や財産を失った人々などが、焼け野原となった地域社会にあふれていた。当時そのような状況に置かれた人にとって、今日の雨露を防ぐ場所、今日の食べ物が必要であった。これらの人々にとって安全で安心な場所とは住まいであった。このように、戦後の社会福祉制度は、生活の基盤を失った人々に対し、住まいとしての「施設」を設置することからスタートした。

　その後、社会の復興が進み、終戦直後の貧困な時代は緩やかに過ぎ去っていく。高度経済成長のもと、地域社会が便利で快適に暮らしやすくなり、人々はなんらかのハンディキャップがあっても、施設に頼らず、地域で暮らし続けたいと考えるようになる。「在宅サービス」が人々の安全と安心を支えるサービスとして必要とされ、徐々に整備が進んだ。

　1995（平成7）年に発生した阪神・淡路大震災を契機に、孤独死の問題がクローズアップされる。施設や在宅サービスの整備だけでは、人々の生活が守られないことがわかった。一方で、人々の孤独や孤立の問題、社会からの排除の問題など、新たな福祉ニーズに対応することが、人々の安全と安心を支えるためには必要と認識されるようになった。

　このように、福祉サービスは、その時代に生きる人々に、生活の基盤を提供し、その生活の基盤のなかで、孤独に陥ったり孤立することなく、身の危険もない、という生活の安全と安心を支えてきた。

2 利用者にとって安全・安心な福祉サービスとは何かを知る

◉**自分の思いがきちんと伝わる**：私たちが日常生活を送るうえで、購入した商品や受けたサービスに対し、不明なことがあれば聞くことができるし、不満があれば苦情も言える。しかし、福祉サービスの利用者は、なんらかの心身の障害があることにより、自分の思いを他者にうまく伝えられないことがある。たとえ自分自身がどのような状況にあっても、自分の思いが反映された福祉サービスを受けられることが、利用者にとっての安全と安心である。

◉**サービスが均質である**：食事介助を受ける利用者は、自分の好きなものが食べられるかどうかということ以上に、どの職員も自分のペースにあった食事介助をしてくれるかどうかが気になる。同様に、入浴介助を受ける利用者は、ゆっくり湯船につかれるかどうかということ以上に、どの職員も同じように自分の望む方法で体を洗ったり湯をかけてくれるかどうかが気になる。職員の介助方法にバラつきがあると、利用者にとって本来楽しいはずの食事や入浴が、不安で仕方がない避けたい日課になってしまう。どの職員の介助を受けても、同様の均質なサービスの提供を受けられることが、利用者にとって安全と安心につながる。

◉**サービスの継続性が保障されている**：近年私たちは、今まで利用していたなじみの店がいつのまにか新しい店に代わっていたり、使用するパソコンや携帯電話がモデルチェンジをし、使用方法がわからなくなってしまうなどの変化を常に味わっている。私たちにとってこれらの変化は、多少の不安や困難があるものの、より便利で快適な生活につながると想像できるため、肯定的に受け入れることができる。一方、福祉サービスは、社会的な支援を要する人々に提供されるサービ

スであるため、サービス内容の変更や事業の改廃などが安易に行われると、その変化に利用者がついていけない場合、それまでの生活の利便性は一度に失われることになってしまう。事業やサービスが大きく変わることなく提供されることが利用者にとって安全と安心につながる。

3 家族にとって安全・安心な福祉サービスとは何かを知る

　近年では、福祉サービスの利用者が増え、事業を紹介するホームページが充実するなど、これまでと比べ、サービスの種類は広く認知されるようになった。しかし、法人・事業所で提供される、食事介助や入浴介助などの実際のサービス提供方法に関しては、まだあまり知られていないことが多い。

　そのようななかで、利用者に転倒や骨折、誤嚥などの事故や過誤が生じると、家族は、職員がどのような手順で見守りや介助を行ったのか、どのように事故後の対応を行ったのかなど知りたくなるのは当然のことである。そのような時に職員に説明を求めた際、「きちんとやりました」という説明だけでは、何がきちんと行われたのかなど家族は理解できず、その言葉に不信感をもつ場合がある。職員や法人・事業所は家族に対し、実施していたことを事実をもとにわかりやすく説明する必要がある。その場合、法人・事業所側が業務手順書や記録をもとに、具体的なサービス提供手順とその結果を記した記録を提示できると、家族は実施されたサービス内容がわかり、安心することができる。

4 職員にとって安全・安心な福祉サービスとは何かを知る

　かつて福祉職場では、「○○さんのやり方を見て覚えてね」などと、ベテラン職員の背中を見て業務を覚え、一人前になるように指導されることが多かった。産業界でもそのような人材育成方法がもてはやされた時期があった。

　しかし、今では、どの産業界も業務内容が高度になってきており「背中を見て覚える」という徒弟制度のような教育手法では現実的ではなくなってきている。福祉職場でも、最近では利用者の重度化と、ニーズの多様化から、同様の状況であるといえる。

　職員にとって安全で安心なサービスとは、職場に適切な業務手順書が整備され、それをもとに十分な教育や訓練がなされることである。福祉職場では、「私のやり方」を覚えるよう指導するのではなく、業務手順書をもとに、「組織で定められたやり方」を覚えるよう指導する必要がある。それが職員にとっても安全で安心な業務につながる。

●図表6-7　安心と安全を保証するもの

業務手順書	+	記　録	=	サービス内容 （サービスの質）
がある		がある		がわかる

（著者作成）

まずは知ることから

まずは知ることから ‥‥‥

➡ 初任者編は、今後福祉サービスのリスクマネジメントを学んでいくうえで必要な知識を得ることを目標としている。したがって、各節のタイトルは「〜を知る」となっており、記述内容も事例を主に書いている。まずは、「ふーん」「そうなんだ」と読み進めていただきたい。

➡ 福祉サービス提供現場は、利用者の生活支援を行うことが仕事であるため、われわれの日常生活に似た業務が多い。したがって、難しいことを知らなくても、経験則で判断できることが多いなど、なんとなく仕事ができてしまうことがある。しかし、それは「たまたまうまくいっているだけ」と考えたほうがいい。また、知識がないと、緊急時などのいざというときに、どう対応していいかわからなくなる。

さらに知るために ‥‥

➡ リスクマネジメントの定義は業種によって違う。一般的な定義は次のようなものである。

➡ 「企業をとりまくさまざまなリスクを予見し、そのリスクがもたらす損失を予防するための対策と、不幸にして損害が発生した場合の事後処理対策等を効果的・効率的に講じることによって、事業の継続的・安定的発展を確保するための経営上の手法」

➡ このように、一般的なリスクマネジメントの定義は、あくまでも、企業や事業そのものを守ることが趣旨である。われわれは、結果として組織や事業を守ることはあっても、第一に守るべきは、福祉サービス利用者の生活の安全と安心である。

➡ 福祉サービスのリスクマネジメントの考え方を示すものは、次の2つの報告書である。

＊「福祉サービスにおける危機管理（リスクマネジメント）に関する取り組み指針〜利用者の笑顔と満足を求めて〜」2002（平成14）年3月28日、福祉サービスにおける危機管理に関する検討会編

　厚生労働省に福祉サービスにおける危機管理に関する検討会が設置され、本報告書がまとめられた。福祉サービスのリスクマネジメントを語るうえで基本となるものであるといえる（本報告書は「中堅職員編」第6章第1節で解説）。

＊「社会福祉法人・福祉施設におけるリスクマネジメントの基本的な視点」2002（平成14）年3月、全国社会福祉施設経営者協議会

　同時期に、社会福祉法人の経営者を中心として組織される全国社会福祉施設経営者協議会（現 全国社会福祉法人経営者協議会）においてまとめられたが、社会環境の変化を踏まえ2016（平成28）年に改訂された。基本的な視点では、福祉施設のリスクマネジメントを、下記のとおり8つのポイントにより示し、現場で実際に取り組む際に使いやすいよう工夫されている。

　どちらの報告書にも、「利用者の尊厳を守ることが福祉サービスのリスクマネジメントの目的である」と記述されている。

➡ 福祉施設の「リスクマネジメント」8つのポイント
　　①ひとりの悩みから施設の工夫へ　　⑤「危険に気づく」がキーワード
　　②トップのリードで盛り上げる　　　⑥起きてしまった事故は対策のカギ
　　③みんなをまとめる組織づくり　　　⑦記録でわかる施設の姿勢
　　④マニュアルで「基本」を決める　　⑧利用者の声は施設の宝
　　まとめ　理解しよう利用者の心と体

第7章

チームアプローチと
多職種連携・地域協働

組織のなかでの多職種連携・協働

目 標

- ●社会福祉の対人援助サービスは、複数の職員によるチームアプローチが基本となる。複数の同一職種間のチームはもちろん、組織内の他の職種の職責あるいは組織外の他機関・団体の専門職とチームを組んで業務を進めていくことになる。
- ●チームアプローチは、さまざまな種別の法人・事務所、サービスに関わる全ての職種、階層の職員が対象となるものである。
- ●福祉職員には、事業に関わる専門の知識や技術とは別に、他の専門職との連携や協働の仕組み、そのための知識や技術を学ぶ必要がある。
- ●初任者に求められる多職種連携・協働は、まず自らの職場内で実践する必要がある。やがては法人・事業所の外、つまり地域の他機関にいるさまざまな専門職等との連携・協働を、自らが中心となって担っていくことが期待されるようになる。
- ●第7章では、初任者に求められる組織内における多職種連携・協働を理解し実践できるよう学ぶとともに、組織外の多職種との連携・協働の準備として、地域福祉の推進と地域における連携・協働の必要性を知識レベルで学ぶこととする。

構 成

- ❶ チームアプローチの基本を理解する
- ❷ 多職種連携・協働のための技術を理解する
- ❸ 多職種協働のためのコミュニケーション技法を理解する
- ❹ 地域福祉の推進と組織の役割を理解する
- ❺ 地域や関係機関との連携・協働を理解する

☕ *ティータイム* ･････････････････････････ 連携・協働とソーシャルワークの機能

1 チームアプローチの基本を理解する

1 チームとは何かを理解する

チームとは、ある目的を達成するために編成された集団のことである。チームには、どこに向かって事業を展開しようとするのか、あるいはサービスやケアを提供しようとするのかといった、共通の目標が必要となる。法人・事業所でいえば、目指すべき理念や支援方針を共通の目標として、さまざまな職種が連携・協働しながらサービスを提供していくことになる。

チームとは、多職種が参加することによって、異なった知識や技術、経験が投入され、互いの強みを生かし合いながら、また、互いの弱みを補い合いながら、よりよい成果が得られることを期待されるものである。

チームは大小さまざまであり、法人・事業所や職場全体をチームとして見ることも、同一フロアで働くケアワーカー同士をチームとして見ることもできる。また、職場では入職や退職、異動など職員の入れ替えがあり、時の経過にともない、チームメンバーが代わったり、また、状況が変わったりする。職員は、目指すべき使命や理念、支援方針を確認・点検しながら、自らの知識や技術を磨きつつ、協力して事業の実施やサービス提供を行うチームへの貢献を、念頭に置いておきたいものである。

2 チームアプローチとは何かを理解する

チームアプローチは、目標や方針を共有し、同じ方向へ向けて互いの専門性を生かしながら協力する、グループによる取り組みである。チームを構成するメンバーは、法人・事業所といった同一組織内であったり、地域のさまざまな組織や団体など多機関であったりする。職種についても、ケアワーカー同士あるいは相談員同士といった同一職種であったり、他の専門職であったり、さまざまな専門職が組み合わされた多職種による場合もある（**図表7−1参照**）。

各専門職あるいは部門間で互いにコミュニケーションもなく、ばらばらな動きをしていては、目指すべき支援につながらない。連携・協働していく必要がある。連携・協働とは、いずれも専門職同士、しっかりとコミュニケーションを取り合っている状態をさす。

◉**連携**：互いに設定した目標を尊重しながらも各専門職・部門が独自に連絡を取り合ってサービスやケアを提供している状態。

◉**協働**：共通の目標を掲げ、互いの役割を明確にしながら統一してサービスやケアを提供している状態。

◉**他職種**：同一職種ではなく、他の職種のこと。

◉**多職種**：複数の職種のこと。

3 チームアプローチの意義を理解する

　福祉サービスは、ひとりの職員が自己完結的に行うものではない。ひとりの職員では偏った見方になったり、利用者の生活を支援するには限界が生じたりする。利用者の問題をひとりで抱え込むことは、問題解決を遅らせるだけでなく、かえって問題の状況を悪化させることになる。

　法人・事業所では、一人ひとりがその専門性や経験等を生かし、協力し合うことで、人数以上の相乗効果（シナジー）が生み出される（**図表7−2参照**）。

◎**同じ内容・水準のサービスやケアの提供**：利用者から見たとき、チームの構成員が誰であろうと、常に同じ内容・水準のサービスの提供が期待されている。ばらばらにサービスが提供されると利用者は混乱してしまうし、サービスの継続性も確保されず、十分な効果さえ見込めない。入所施設などは、24時間の交代制勤務が常であるし、他の法人・事業所においても、複数で1人の利用者を担当する場合が多い。チームアプローチは、同一の支援方針やケアプランに従って、誰がやっても同じ内容・水準のサービスやケアが提供できることを可能とするものであり、また、記録を一体化したり情報を共有したりすることによって、継続的なサービスも可能とするものである。

◎**支援の質や技術の向上**：分野の異なる専門職による多職種がチームを組んだ場合には、それぞれの専門職種が有する知識や技術、そして経験を共有できる。また、それらに基づいて複雑で多様な利用者のニーズへの対応が可能となるだけでなく、総合的なアセスメントや目標の設定、優先順位の決定、さらには評価が可能となる。チームが利用者の支援に向けて互いに努力することにより質の向上につながるほか、会議やカンファレンスなどを学習の機会として活用することにより、個々のメンバーの技術の向上につながる。このほか記録の一体化などは、事務作業の効率化も期待できる。

●図表7−1　多機関・多職種の連携・協働の形態

同一機関・同一職種	同一機関・多職種 （多職種との連携・協働）
多機関・同一職種 （多機関との連携・協働）	多機関・多職種 （多機関、多職種との連携・協働）

（著者作成）

●図表7−2　チームアプローチの効果

- 同一内容・水準のサービスを可能とする
- 一貫性のある、継続的なサービスを可能とする
- 多職種間で幅広い知識・技術、経験の共有ができる
- 総合的な視点からのアセスメント、目標設定、優先順位の決定、介入、評価ができる
- チームで努力することによりケアの質の向上を図ることができる
- カンファレンスなどを通じた、学習の機会の創出とメンバーの技術の向上につながる
- 記録の一体化などによる、事務作業等の効率化を図ることができる

（著者作成）

多職種連携・協働のための技術を理解する

1 連携・協働の前提として、自らの専門性を身につける

　職場では、その目的を達成するため、多くの場合、複数の専門職が連携・協働してサービス提供にあたる。多職種による連携・協働は、自然発生的に形成されるものではなく、その意図とそれを成り立たせる知識や技術が必要となる。

　連携・協働のためには、まず、それぞれの職員が自らの専門性を身につけ、チームの一員として、個々の職員に明確に割り当てられた課題に対し、その役割や機能を果たす能力をもっていることが前提となる。複雑で多様なニーズをもつ利用者に対応するための多職種チームにおいては、それぞれの専門職員に、その業務と役割を確実に遂行することが期待される。一人ひとりの専門性がしっかりしていることで、チームとして成果を導き出すことが可能となるのである。

2 チームの一員として働く力を身につける

　専門性を身につけるのと同時に、職員にはチームの一員として働く力を身につけていくことが求められる。どんな優秀な職員だとしても、チームの一員として、他の専門職と協力して仕事ができなければ、その力を生かし合うことはできないからである。

◉**「誰が担うとよりよい結果が生まれるか」という発想**：職員の力量によっては、他の領域にまたがってもやれてしまうとか、熱心さのあまり他の職員の役割に踏み込んで介入してしまうこともあるだろう。しかし、こうした「スタンドプレー」はあるべきではない。また、他の職員に負担がかかるという気遣いから仕事を「抱え込む」こともあってはならない。自分たちの仕事には限界があること、自分たちの職種だけでは成果をあげることができないことを、職員一人ひとりが認識する必要がある。自分たちができるかできないかではなく、利用者にとって、誰が担うべき内容なのか、それを自分たちの職種ではなく、「他の職種にまかせたほうがよりよい結果となるかどうか」という発想をもちたい。

◉**自己理解と他者理解の力**：複数の専門職が1人の利用者に関わる場合、個々の専門職はそれぞれの専門性に立脚した視点をもち、支援の内容も異なっている。しかし、利用者にとっては、何人の専門職が関わろうと、なされた支援の内容全体で質が評価されるものである。たとえ、各専門職が個々に質の高いサービスを提供したとしても、利用者から見て総合的にマイナス評価となる場合もある。

　このため、まずは、各専門職が互いにそれぞれがどのような役割・機能を果たすのか、いわゆる自己理解と他者理解の力を身につけたい。

◉**高いコミュニケーション力**：また、専門職間で十分なコミュニケーションがないところでは、支援内容が重複したり、反対に必要な支援が提供されなかったり、利用者から見て意向にそわない支援になってしまうことがある。このため、連携・協働を進めることができる高いコミュニケーション力も身につけたい。

3 連携・協働のために、相手と自分自身を理解する

　初任者の場合、基本的なことをいえば、まず相手がどこの機関のどのような専門職であるかがわからなければ、連携・協働することはできない。"ノウ・ハウ"（know how）というよりも、誰で

あるかを知っているという、いわば"ノウ・フー"（know who）が大切となる。

●**一緒に働く専門職の人々のことを知る**：特別養護老人ホームを例に考えてみよう。入所している高齢者にケアを提供するために、介護職員、相談員、介護支援専門員、看護師、管理栄養士、医師、法人・事業所によっては理学療法士、作業療法士、言語聴覚士、歯科衛生士、臨床心理士等の専門職が関わることになる。また、直接サービスの提供業務に関わらない事務員など間接業務に関わる職員もおり、各専門職の連携・協働が必要となる。

　そこで、自分の職場にどのような専門職がいて、彼らはどのような役割・機能を果たすのか、具体的にどのような場面で自分たちと関わるのかを、まず理解しておくことが大切である。

　もちろん、その前提として、自らの職種の専門性をきちんと他の職種に説明できるようにしておかなければならない。

●**自己理解はコミュニケーションの基盤**：連携・協働は、目的や目標を共有し、意識的な協働作業を行うものである。しかも、互いに専門領域の異なる職種と一緒に活動するので、同じ利用者に関わっても、職種が異なればものの見方や考え方など、アプローチの方法は異なってくる。

　これは専門的視点のみならず、相手の価値観や判断基準にもよるもので、それによって、伝え方、受け止め方、情報の解釈・理解がさまざまとなる。連携・協働は十分なコミュニケーションのうえに成り立つものであり、お互いに相手のことを理解すること、すなわち相互理解が重要となる。

　他の専門職を理解するためには、同時に自分自身について振り返りながら自分の考え方や思いがどうなのかをよく知っておくことが必要となる。自己理解はコミュニケーションの基盤を形成するものであり、他者理解の前提ともなるからである。

●**個人的な思いや決めつけで判断しない**：「自分の意識しないうちに、他者に自分の思いを押しつける」「他者も自分と同じ考えだと思い込む」などにより、互いの意思疎通が途切れることで、人間関係がうまくいかない、業務の連携が途絶える、という原因にもなる。多職種連携・協働が、利用者を中心に利用者のためにある限り、自分の内面に生じる個人的な思いを唯一絶対と考えるのではなく、多様な価値観があることを認識すべきである。

4 高いコミュニケーション力をつける

　多職種連携・協働の要となるのはコミュニケーションの力である。多職種に自分の意思や考え方を、正確かつわかりやすく伝える力、多職種からの話を聞きその要点を受け止めて聞く力、多職種間で情報を共有できる力、感情的にならずに話し合える力、職種や意見が異なる多職種間でディスカッションし、目標や支援内容の合意形成を行う力など、高いコミュニケーション力を養う必要がある。

●図表7－3　連携・協働に求められる力

（著者作成）

3 多職種協働のための コミュニケーション技法を理解する

1 伝える力と聞く力をつける

　連携・協働にはコミュニケーションの成立が不可欠である。コミュニケーションは情報と感情の
やり取りであり、双方向が原則である。その際、伝え方（話し方）、聞き方が重要となる。コミュニ
ケーションは、伝え手と受け手が共通の情報をもつことで成立するものである。伝え手は、事実
を正確に伝えるとともに、それが相手に正確に伝わったかどうか確認する必要がある。また、相手
の理解力に合った伝え方をすることも必要である。受け手も、ただ漫然と聞くのではなく、伝え手
の意図する内容や感情にも注意を払う必要がある。そして、メモを取ったり、うなずいたりなどし
て伝わっていることを相手に知らせる、いわゆる聞く姿勢が大切となる。また、わからないことが
ある場合には、確認したり質問したりすることを心がけよう。

◉伝え方のポイント
- ■目的を明確に、内容を吟味して話す
- ■結論を先に、次に経過や意見を順序立てて話す
- ■事実とそれ以外のものを区別する
- ■発音とスピードに注意し、センテンスを短くする
- ■あいまいな言葉づかいや主語の省略は避ける
- ■専門用語を駆使せず、相手の理解度に合わせて話す
- ■確認しながら話す
- ■重要なポイントは、繰り返すなど強調する

◉聞き方のポイント
- ■話を聞きながらうなずく、あいづちを打つ
- ■枝葉末節にとらわれず話の全体を理解する
- ■途中で口を挟まず最後まで聞く
- ■復唱したり、確認したりしながら聞く
- ■メモを取る
- ■質問は最後にまとめてする

2 「ホウ・レン・ソウ」の重要性を理解する

　多職種が連携・協働して活動を行う場合はもちろん、職場において上司や先輩職員、同僚と良好
な関係を保ち、また、仕事を円滑に行うためには、「報告・連絡・相談」は欠かせない。こうした
コミュニケーションの原則を一般的に「ホウ・レン・ソウ」と呼ぶ。「報告」は、与えられた仕事
の結果や経過について述べることであり、「連絡」は、仕事上の事柄についてその事実や関連する
情報を関係者に伝えることである。そして、「相談」とは、ある事柄について判断に迷ったとき、
上司や先輩職員にアドバイスしてもらったり、参考意見をもらったりすることである。
　初任者の場合、上司や先輩職員に指示・命令を受けてから仕事を行うことが多い。仕事は報告が
なされて完結する。そこからまた次のステップが始まる。「ホウ・レン・ソウ」は仕事の流れを円
滑にする潤滑剤である。報告・連絡・相談をすることにより、仕事の方向性の確認、さらに効率

的・効果的に仕事を進めるためのアドバイス・指示・命令を得ることができる。「ホウ・レン・ソウ」を行う際には、相手に①内容を伝えるのか、②意見を求めるのか、③指示や命令など判断を求めるのか、その目的をしっかり持って臨むことが重要である。

3 カンファレンスで取るべき参加態度を理解する

多職種連携・協働のための具体的な方法として、各種のカンファレンス（会議）の開催がある。カンファレンスは「特定の問題や課題を解決するために、それに関係する人が集まり、いろいろな意見や情報を交換し、共通の理解を図り、実行に移していくために開かれる会合」をいう。

カンファレンスでは、異なる専門性をもつ多職種が、同じ場所で、同じテーマを多面的に意見交換することにより、事例の理解を深め、さらに、事例の生活課題・目標・支援計画の共有化を図ることができる。また、ディスカッションを通じて相乗効果を体験することで協働の意欲が生まれたり、個人の「知」を集めてチームの「知」とすることで、サービスの質が改善・向上したり、自らの成長にもつながる。

カンファレンス参加者の参加態度は、その運営はもとより、そこからもたらされる結果にも大きな影響を与える。このため、以下に留意して参加しよう。

◉カンファレンス参加にあたっての留意点
■事例提供者を批判しない
■自己の考え方を押しつけない
■対等な関係で意見交換を行う
■発言者の意見に耳を傾ける
■自分なりに思ったことを簡潔に発言する

●図表7-4 「ホウ・レン・ソウ」のチェックポイント

報告	□指示された事項は必ず報告している
	□スピーディーに、タイミングよく報告している
	□報告は正確に、①結論②経過③私見、の順に述べている
	□悪いことも必ず報告している
	□時間のかかる仕事などは、中間報告をするようにしている
連絡	□関係者に漏れなく、迅速に伝えている
	□６Ｗ２Ｈに留意し簡潔に連絡している
	□優先順位に留意して連絡している
	□重要事項は文書で連絡している
相談	□疑問点は、上司・先輩職員、関係者に相談している
	□こじれる前に早めに相談している
	□相手の都合を考え適切なタイミングで相談している
	□考えや意見を事前に準備し、順序立てて相談している

（「福祉職員生涯研修」推進委員会編『福祉職員研修テキスト 基礎編』全国社会福祉協議会、2002年、73頁より一部改変）

地域福祉の推進と組織の役割を理解する

1 地域福祉の意義と重要性を理解する

　利用者が望むならば、住み慣れた自分の住まい、あるいは、その地域に住めるよう支援することが、われわれ社会福祉に携わる者としての務めである。しかし、地域とひと口にいっても多くの環境要因があり、在宅での生活を阻むことも多い。

　利用者の立場から地域の環境整備を図る、地域福祉という領域がある。地域福祉とは、それぞれの地域において人々が安心して暮らせるよう、地域住民や公私の社会福祉関係者が互いに協力して地域社会の福祉課題の解決に取り組むものである。

　一方、利用者に限定されることなく、広く施設・事業所の存在する地域社会の住民の福祉にも目を向けるべきである。孤独死、セルフネグレクト、ゴミ屋敷、ひきこもり、虐待などさまざまな問題が地域には存在している。地域社会において支える仕組みが不可欠であり、法人・事業所の果たす役割も大きい。

◉**地域福祉推進の重要性**：社会福祉法は、地域住民、社会福祉関係者等が相互に協力して、地域共生社会を目指して地域福祉の推進に努めるよう定めている。

社会福祉法

（地域福祉の推進）

第4条　地域福祉の推進は、地域住民が相互に人格と個性を尊重し合いながら、参加し、共生する地域社会の実現を目指して行われなければならない。

　2　地域住民、社会福祉を目的とする事業を経営する者及び社会福祉に関する活動を行う者（地域住民等）は、相互に協力し、福祉サービスを必要とする地域住民が地域社会を構成する一員として日常生活を営み、社会、経済、文化その他あらゆる分野の活動に参加する機会が確保されるように、地域福祉の推進に努めなければならない。

　3　（略）

　なお、地域福祉は、デイサービスやホームヘルプサービスといった法に基づく制度化された福祉サービスや事業のみによって実現されるものではなく、行政・関係諸機関、法人・事業所、地域住民やボランティアなどが協働して実践することによって支えられるものであることを理解しよう。

◉**社会福祉法人に求められる行動指針**：近年、社会・経済状況の大きな変化にともない、これまでは福祉の対象とはなりづらかったホームレスといった社会的援護を要する人たちへの支援、また、孤立死、ひきこもりや虐待といった新たな社会的課題への対応が求められるようになっている。

　全国社会福祉法人経営者協議会は「社会福祉法人アクションプラン2020」のなかで、社会福祉法人の「社会に対する基本姿勢」として、「地域包括ケアの中心的役割を担い、公益的な事業を率先して行う社会福祉法人」を掲げている。その長期ビジョンの中で、地域におけるさまざまな福祉課題、生活課題に主体的にかかわり、多様な関係機関や個人との連携・協働を図り、既存の制度では対応できない公益的な取り組みを推進することを謳っている（**図表7－5参照**）。

　そのことから、関係者が連携・協働し、地域社会で支え合う取り組みが広まっていることを理解しよう。

2 地域福祉推進における法人・事業所の役割を理解する

　高齢者分野では、「地域包括ケアシステム」の構築が目指されている。地域包括ケアとは、医療、介護、介護予防、住まいおよび自立した日常生活の支援が連携して要介護者等への包括的な支援をしようとする考え方である。その理念は、分野を超えて広がりを見せている。

　図表7－6は、地域包括ケアシステムをネットワークの視点から見たものである。高齢者介護の領域においては、介護保険サービス、医療系サービス、福祉・権利擁護などの制度的サービスに加えて、制度外のサービスや地域住民等の参加によって、地域包括支援ネットワークが形成される。ネットワークの構築とそれを活用した支援は、地域包括支援センターを中心に行われるが、地域レベルでの多機関・多職種の連携・協働が欠かせない。法人・事業所は、地域包括ケアシステムの一員として、利用者のみならず、地域住民の福祉の担い手としてその役割を果たしている。

●図表7－5　社会福祉法人の社会に対する基本姿勢と実践のポイント

Ⅱ．社会に対する基本姿勢　行動指針5：地域における公益的な取り組みの推進	
対応する経営原則：公益性、開拓性、非営利性	
○**長期ビジョン** ・地域におけるさまざまな福祉課題、生活課題に主体的にかかわる ・多様な関係機関や個人との連携・協働を図る ・既存の制度では対応できない公益的な取り組みを推進する ・地域福祉計画にも積極的に参画する ・地域包括ケアの確立に取り組む	○**実践のポイント** ・実施している事業の確認 ・低所得者への配慮 ・困難事例への配慮 ・多様な社会福祉援助ニーズの把握 ・多様な主体との連携・協力 ・地域を包括する公益的取り組みの推進 ・地域を活性化する取り組み ・地域全体のサービスの充実に向けた取り組み ・福祉に対する理解の促進

（全国社会福祉法人経営者協議会「社会福祉法人アクションプラン2020」2016年より一部改変）

●図表7－6　地域包括ケアシステム

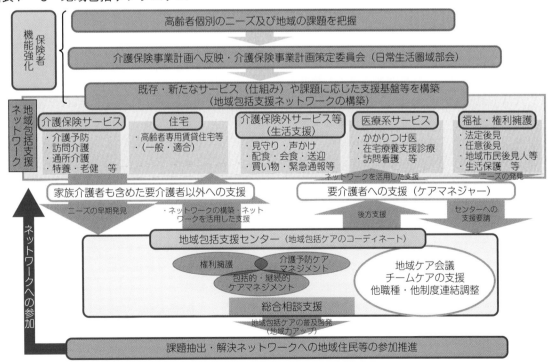

（厚生労働省ホームページより）

89

第7章

チームアプローチと多職種連携・地域協働

地域や関係機関との連携・協働を理解する

1 地域や関係機関との連携・協働の必要性を理解する

　利用者のニーズが複雑化・多様化するなかで、ひとつの法人・事業所だけで生活上の問題や課題を解決することはできなくなっている。生活上の問題や課題は、福祉のみならず、医療や保健、所得、雇用、住宅、教育など広範囲にわたっている。ニーズに応じ効果的にサービスを提供するために、多職種の連携・協働によるチームアプローチが不可欠となる。また、サービス提供機関は、サービス内容の重複や漏れを避け、効率的にサービス提供を行うためにも連携・協働が必要となる。

2 地域の社会資源を理解する

　生活上の問題や課題を抱えても、住み慣れた地域で暮らし続けるためには、サービス等の社会資源を適切に選択し、適切なタイミングで活用することが求められる。社会資源とは、人、物、資金、情報、法制度、諸サービスの総称である。社会資源は、介護サービスなど公的なものだけでなく、インフォーマルなもの（ボランティア活動など）もあることを覚えておくことが必要だ。

　利用者の生活を全体的に捉えると、その生活の質が利用者を取り囲む周辺の多くのことによって左右されていることがわかる。利用者の身近な周辺の環境から、住んでいる地域全体の環境も含めて大なり小なりの社会資源が存在するが、利用者の生活上の問題を解決するためには、必要な地域の社会資源を見極め、ネットワークを形成するという考え方が不可欠である。そのため、社会資源マップづくりなどを通して地域にどのような社会資源があるのかを確認する必要がある。

3 エコマップを活用した社会資源の把握方法を理解する

　利用者の在宅生活を支えるためには、複数の支援機関、複数の専門職、さらには地域住民等がネットワークやチームを形成し、支援を展開することになる。そうしたネットワークやチームに参加する専門職等は、個々の利用者・家族が有する問題や課題によって異なってくる。

　支援の過程で、利用者や家族をとりまく社会資源の関係性を図示したエコマップ（生態地図）を作成し、利用者がどのような社会資源を活用しているのか視覚化することができる。社会資源をエコマップにすることは、利用者がどのようなネットワークのなかで、どのような支援を受けているのかが明らかになるだけでなく、どの社会資源がたりないのかを明らかにしてくれる。

◉エコマップの作成方法の例（図表7－7）
①家族図（ジェノグラム）を作成する。本人を中心に、男性は□、女性は○で表し、年齢がわかっていれば、そのなかに数字を書き込む。本人を2重線、死亡している場合は×印を付ける。夫婦は横線で結び、その下に線を入れ、年齢の高い人が左にくるように、子どもを書き入れていく。本人と同居している場合は、同居者全てを丸で囲む。
②本人や家族に関わっている社会資源を、家族図の周りに配置する。ここでは、社会資源を公的な社会資源、個人的な社会資源、営利の社会資源、非営利の社会資源の4つのセクターに書き分ける。
③本人や家族と、②で書き込んだ社会資源の関係を線で結ぶ。

●図表7-7　エコマップ（参考例）

（事例の情報）

・居宅介護支援事業所（社会福祉法人）のケアマネジャー（介護支援専門員）がケアプランをつくっている（非営利）
・ホームヘルパー（株式会社）が週3回介護に入っている（営利）
・市保健センターの保健師が月1回訪問している（公的）
・社会福祉協議会の日常生活自立支援事業を利用している（非営利）
・近所のコンビニが毎日弁当を持ってくる（営利）
・近所の開業医に月1回通院し、隣の薬局で薬をもらってくる（非営利）
・幼なじみの友人が時々様子を見に来てくれる（個人）
・隣人から飼い猫の糞の苦情を言われている

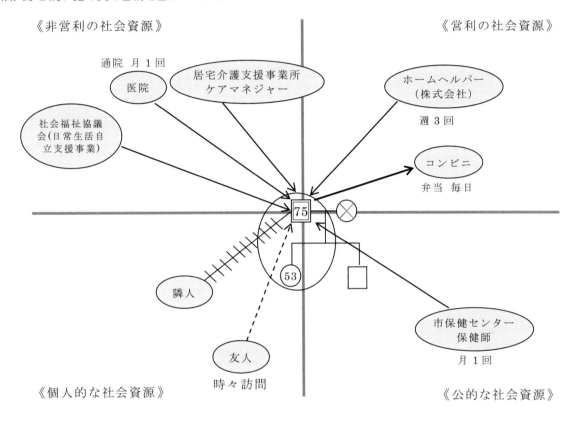

（全国社会福祉協議会「日常生活自立支援事業推進マニュアル」2008年より一部改変）

ティータイム　連携・協働とソーシャルワークの機能

　第7章では職場組織内の連携・協働を中心に、その実践について学んできた。特に、利用者に対して支援を担う各職種ごとに連携できる体制と、個々の役割を理解することが大切である。利用者を中心として、各専門職によって「見る視点」の違い、利用者と各専門職との関係における「支援関係」の違いについても理解することが必要である。

　また、利用者の状況によって「介護」に重きの置かれる法人・事業所、「訓練等」に重きの置かれる法人・事業所、在宅の利用者を中心に「地域支援」を担う法人・事業所など幅広い連携・協働が必要となる。その際、対利用者関係において、共通するいくつかの項目を掲げて多職種間の目線を合わせていくことが基本だといえる。

　以下は対人支援サービスで必要なことであるが、多くはソーシャルワークの機能といわれているものである。ソーシャルワークを担うのは専門資格として社会福祉士、精神保健福祉士があるが、その他の職種にある者にとってもソーシャルワークの概観を理解し、実践で生かしてほしい。

利用者中心のサービスのあり方

➡　利用者支援の基本は、利用者中心のサービスにある。他の職種の考えや立場を尊重しつつ、利用者自身が何を望んでいるか、利用者の権利擁護として何を重要課題とすべきか、利用者自身の言葉を大切にすることから自職種の立場を考えよう。

支援する者の視点

➡　支援者が利用者をどのように見るのかによって、支援方針や支援方法が異なってしまうことがある。つまり、利用者のアセスメントは支援者の利用者に対する視点によって異なるのである。頭では理解していても、利用者と異なる価値観を支援者がもっているとすれば、場合によっては無意識に自分の価値観によって判断してしまうことがあるので気をつけよう。

支援関係の基本

➡　利用者と支援者の関係においても、支援者は常に自らの立場を検証し続けていなければならない。「なぜ」「何のために」利用者に対して支援するのだろう。先述の利用者中心のあり方を前提として、支援関係にある責務を意識する。

権利擁護の配慮

➡　利用者の判断能力が不十分である場合、代理者・代弁者として支援する責務がある。利用者の権利、生活への期待など言葉以外の情報を含め「利用者が最も望むべきこと」に配慮しよう。

　第7章の後半は、地域がテーマとなっており、利用者を地域で支援する際に必要な事柄を、まず、知識レベルで学ぶためにふれてきた。職場内の連携・協働は、地域の中の連携・協働へとつながるものであることを理解したい。個別に利用者と対応することから利用者の生活する空間をより広げて見ていくことによって地域全体における領域に直接つながってくるものである。

　利用者の意向・要望にそった福祉サービスのあり方を目指すために、「住み慣れた自宅、地域で生活したい」という意思を尊重し、私たちは「地域生活支援」の視点をもとう。利用者の生活を利用者にとってできる限り広い空間、より長い時間軸で見ることがサービスの質を高める要素となることを覚えておきたい。

組織運営管理

組織運営管理の基礎を知る

目 標

◉今、福祉サービスに従事する職員は、単独で、または誰ともまったく連携せずにサービスを提供するということはまずないといっていいだろう。なんらかの組織のなかで、またはなんらかのチームとともにサービスを提供する。組織と個人との関係のなかで業務を実行することになる。

◉職業として福祉サービスに携わるには、社会福祉法人等の事業主と雇用契約を結び、法人、事業所、職場という組織に所属し、そのなかのチームの一員として業務を行う。さらに法人内、事業所内にとどまらず地域の他組織の関係者とチームでサービスを提供する場面も増えてくる。その際、雇用契約上の内容を記す就業規則や、福祉サービスが関係する基礎的な知識や情報を得ておくことが必要である。また、チームでサービスを提供することによる成果は、個々の構成員の業務遂行能力の総和より高い効果を生むことができることを知っておきたい。

◉第8章の目標は、まず、初任者として自分が所属する組織や自分が業務上関わりのある組織を知ること、次に、組織の一人として、サービス提供チームのメンバーとして参画できるよう基礎を身につけること、そして、先輩職員や同僚と協調し、自分に課せられた業務に責任をもって積極的に自分の役割を果たすことができるようになることである。

構 成

❶ 組織とは何かを知る
❷ 福祉サービスに従事するために必要なルールを理解する
❸ 就業規則とは何かを理解する
❹ 社会人、組織人として働くための基本的ルールを理解する
❺ 社会福祉に関係する知識・情報に関心をもち、環境の変化を理解する

☕ *ティータイム* ………………………………………… 初任者に身につけてほしい10項目

1 組織とは何かを知る

1 個人、組織、集団とは何か

　福祉サービスに従事する職員は社会福祉法人等の事業主と雇用契約を結び、法人、事業所、職場という組織に所属し、その一員として、またはそのなかのチームの一員として業務を行う。さらに事業所内、法人内にとどまらず地域の他組織の関係者（介護、福祉、医療、教育等の専門職員や行政職員等）とチームでサービスを提供したり、サービスのあり方を検討したりする場面も増えている。

●**組織が成立する3つの要素**：組織が成立する3つの要素は「共通の目的」「コミュニケーション」「協働意思」である。

●**組織と個人の関係**：組織にとって個人は、組織の目的達成のために役割を命じて（期待して）担当の業務を行うものである。個人にとって組織は、仕事をして収入を得る経済的活動の場、グループに所属したいという欲求を満たす場、自分らしく生きたいという自己実現の場などである。組織から個人を見るか、個人から組織を見るかにより視点が異なる。

　福祉サービスを提供する組織においても、「共通の目的」がある。意味合いは多少異なるが「使命」「理念」等も同様に使われることが多い。福祉サービスにおいては社会福祉法第3条の「基本的理念」に掲げる、利用者の「尊厳の保持」「心身の健康」「自立支援」を実現することなどがこれにあたるものといえよう。

●**「公式集団」と「非公式集団」**：福祉の職場は福祉サービスを提供するための公式集団である。これに対して、サークルやインフォーマルな勉強会など非公式な交流のなかで共通の利害や関心をもつ職員の集団がある。これを非公式集団という。

●**チームプレーヤーになる**：福祉サービスは、チームによるサービス提供が基本である（第7章参照）。集団（グループ）の構成員は一般的に自分の責任範囲内で役割を遂行する。したがって単なる集団の成果は個々の各構成員の業務達成能力の総和となる。これに対して、チームの構成員は自分の責任範囲だけではなくチーム全体の活動の成果をあげるために、積極的に情報交換等を行う。その結果、チームの成果は個々の構成員の業務遂行能力の総和より高い効果を生むことになる。チームとは、協働を通じてプラスの相乗効果（シナジー）を生むものである。

　福祉サービスに従事する者は、所属する組織の使命・理念・目的達成のために組織のルールを守り、一個人ではなくチームプレーヤーにならなければならない。ただし、このことは個人としての視点をなくすものではなく、個人としての自己実現を否定しているものでもない。

2 福祉サービスの実施主体にはどのような組織があるか

　福祉サービスの実施主体は法的に定められている。福祉サービスの中心である社会福祉事業の主たる担い手は社会福祉法人である。その他、次に示すような主な福祉サービスの実施主体は、これを規定する根拠法が異なっている。そのおのおのの法により組織の構造、ガバナンス、公益性等に違いがある。

■社会福祉法人：社会福祉法

■医療法人財団（社団）：医療法

■一般財団（社団）法人：一般財団法人及び一般社団法人に関する法律

■公益財団（社団）法人：公益財団法人及び公益社団法人に関する法律

■特定非営利活動法人：特定非営利活動促進法

■消費生活協同組合：消費生活協同組合法

■農業協同組合：農業協同組合法

■株式会社、等：会社法

3 組織図とは何かを知り職場の組織図を確認する

　組織構造の決定要因に基づいて組織構造を図示したものが組織図である。組織図は組織内の要因のほかに、外部環境、事業特性、戦略、人事方針などにより設計する。組織形態として、ヒエラルキー型組織（機能別組織、事業部性組織）、マトリックス型組織、ネットワーク型組織などがある。

◉**福祉サービス事業所の組織**：一般的に組織は、大きく分けて2つの分化で考えられる。1つは階層分化で、情報や意思の伝達を適正にするため指揮命令系統を明らかにし、責任と権限を明確にする組織構造である。もう1つは機能分化で、業務を種類、性格、職能、専門的な責任領域等で区分する組織構造である（**図表8－1**参照）。

　福祉サービス事業所の組織は、一般的に各職場および職員個々の業務内容を明確にし、誰に所属しているか、つまり、誰の指示命令のもとに日々の業務を遂行するかを明確にするヒエラルキー型組織図で示されている（**図表8－2**参照）。

　私たちの職場で決められている基本的な命令系統と、日常的な仕事はどのメンバーで行うのか等を、職場の組織図で確認する必要がある。

●図表8－1　組織の構造

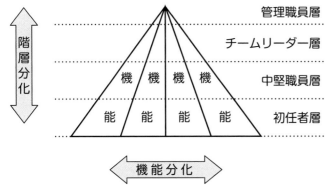

（「福祉職員生涯研修」推進委員会編『福祉職員研修テキスト 基礎編』全国社会福祉協議会、2002年、29頁より一部改変）

●図表8－2　ヒエラルキー型組織図

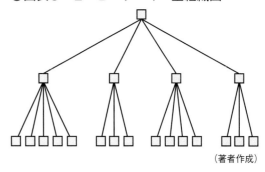

（著者作成）

2 福祉サービスに従事するために 必要なルールを理解する

1 対人サービスを行う者としての倫理を確認する

　私たちが対人サービスを行うにあたっては、利用者が社会で生きていくための基本原則を守ることが前提となる。それは、人権の尊重である。日本国憲法は基本的人権として、幸福追求権、平等権、生存権等を保障している。まず、この憲法第13条、第14条、第25条の内容を理解しなければならない。

　福祉サービスの対象となる人は、心身を病んでいる人、社会的に弱い立場にある人、自ら声をあげてサービスを求められない人などである。これらの人の人権を尊重する職業倫理について、阿部志郎氏の以下の表現がある。

　「弱さにかかわると、弱さを利用することもつけこむこともできる。肉体的・経済的・社会的・精神的弱さにかかわっても、それを商売にしたり喰い物にしない職業倫理が求められる」[1]

　1）阿部志郎『福祉の哲学［改訂版］』誠信書房、2012年、ix 頁

2 福祉職員の基本となる行動を守る

　福祉職員が、利用者と相対するとき、まず身につけるべき基本となる行動は、以下の内容である。これらは、職業倫理の前提となる行動である。

◎**あいさつをする**：「私はあなたに関心があり、あなたのためになりたいと考えています」というメッセージを発信するコミュニケーションの第一歩は、あいさつである。

◎**身だしなみを整える**：利用者の感染防止や安全に配慮した（例えば、身体介護をするのに介護職員が髪を長くたらしたり角のあるアクセサリーをつけることは不適当である）仕事のしやすい身だしなみが基本である。利用者との信頼関係は見かけだけで決まるものではなく、さまざまなコミュニケーションを通して形成されていくものであるが、初めの印象は身だしなみが大きく影響するので、職場に不相応な派手なものでなく、清潔で温かみのあることが望まれる。

◎**笑顔を絶やさない**：日頃、視線を合わせ笑顔で接することが基本である。表情が第一印象に与える影響は大きい。

◎**約束を守る**：人間関係の基本は信頼関係である。よい信頼関係を維持するには約束を守ることが大切である。「あとで」「ちょっと待って」に気をつける。

◎**虐待・体罰をしない**：職員はいかなる理由があっても虐待や体罰をしない。虐待や体罰を防止する措置を講ずる。

◎**身体拘束をしない**：身体拘束の問題を認識し、身体拘束を必要としないケアの実現を目指す。

3 福祉サービスの専門職としての倫理を考える

　福祉サービスに従事する者、福祉サービスの専門職として、以下のような倫理的責任を確認する必要がある。

■利用者へのサービスを自分の利益に優先させる。
■貧困、差別等の社会的不正義を変革する。
■人の尊厳と価値を守り、多様性に留意して尊敬の念をもって接する。
■人間関係の重要性を認識し、人々の関係を強化する。
■誠実に責任をもって行動する。
■自分の資格や能力の範囲内で業務を実践する。

　初任者の基本となるのは、単独での判断が難しいものについては先輩や上司に報告し相談することである。しかし一方、職員は上司や同僚に対する倫理的責任も意識する必要がある。上司や同僚の非倫理的行為を容認してはならない。公益通報者保護法による通報の利用等を考えたい。
（福祉職員としての倫理については第2章もあわせて参照）

●図表8-3　利用者に対する倫理的責任のキーワードと具体的な行動

キーワード	具体的な行動の例
自己決定	利用者の自己決定を尊重し、増進するように支援する
インフォームド・コンセント	理解しやすい言葉を用いてサービスの目的、危険、限界、費用、合理的な代替方法等を説明し、利用者の同意によるサービス提供を行う
適任性	職員は自分の資格、受けた教育等による専門職経験の範囲内においてサービス提供を行うことを原則とする
多様性の理解	あらゆる文化とその機能を理解し、人種、民族、国籍、宗教等の社会的多様性を理解するよう努める
利益対立の回避	利用者との利益の対立を避け、職員の個人的利益のために不当に専門職関係を利用したり、利用者から搾取したりしない
プライバシーと秘密保持	利用者のプライバシーに対する権利を尊重する。必要なもの以外の個人情報は問わない。サービス提供上で得られた全ての情報の秘密性を保持する。個人情報の第三者への開示には事前に利用者の同意を得る。プライバシーが確保されない限り、どんな場所でも個人情報について話し合うことはしない。文書、コンピューターによる記録、画像等の秘密を保持し、保管する
記録の閲覧	利用者が自分の記録を見たいという合理的な理由があるときは、重大な誤解や害になると判断される場合以外、原則として開示する
品位を傷つける言葉・行為	品位や名誉を傷つける言葉・行為を実行しない
サービスに対する支払い	合理的なサービスに見合う料金の支払い以外に、金品や労力を受けとらない
利用者の不当な要求	利用者が正当な理由のない権利の濫用や不当な要求をしてきた場合、安易な妥協をしない

（著者作成）

第8章

組織運営管理

就業規則とは何かを理解する

1 職場の労働契約の内容を知る

　福祉サービスの職場であっても、一般の会社でも、就職するということは労働契約を結ぶことである。この労働契約とは、通常、労働者（職員）が使用者（法人の代表者）に対して労務を提供し、使用者はその対価として賃金を支払うという契約である。労働契約とは、労働力を組織的に経営組織のなかに組み入れる契約であり、その際の労働条件や服務規律を定めるのが就業規則である。一般的に、就業規則で定める労働条件で契約したということになる（**図表8－4**参照）。

　就職した法人・事業所に労働組合があり使用者と労働組合が労働協約を結んでいる場合は、労働契約・就業規則よりも労働協約が優先する。

◉**労働者の義務**：労働契約を締結することにともない、使用者にも労働者にも、共に権利と義務が生じる。労働者は下記のような義務を負う。
　■**労働義務**：労働者は働く義務を負い、その労務提供方法、内容については使用者の指示命令による。
　■**業務命令に従う義務**：使用者は必要な業務上の命令をし、指示をする権限をもっており、労働者はそれに従って業務に従事する服務義務を負う。
　■**職場秩序を守る義務**：多数の労働者が働く職場では、職場の規律と協働が大切であり、労働者はその規律を守る義務がある。
　■**職務専念義務**：労働者は労働時間中、使用者の指示命令に服し、その職務に専念する義務を負う。例えば、勤務時間中に私用メールをすることなどはこれに違反することとなる。
　■**信頼関係を損なわない忠実義務**：就労するにあたって忠実かつ細心の注意をはらって業務を行い、使用者の利益を侵害する（その恐れのある）行為を行わないという義務がある。
　その他、誠実な業務遂行義務、職場の人間関係配慮義務、業務の促進を図る義務、法人・事業所の名誉信用を守る義務、兼業禁止義務、企業秘密を守る義務、法人・事業所の目的達成のために協力する義務、などである。
◉**使用者の義務**：一方、使用者は、労働者が契約上の義務を履行できるようにする教育指導義務、業務上発生の危険がある災害から労働者を保護する安全配慮義務、いわゆる過労死を防止するなどの適正労働条件確保義務、セクシュアルハラスメントおよびパワーハラスメント対策などの義務、がある。
　また、使用者は労働契約において、賃金、労働時間、その他の労働条件を明示しなければならない。

2 就業規則とは何かを知り職場の就業規則を理解する

　就業規則は、いわば職場の憲法であり、使用者が労働条件や職場の服務規律を成文化したものである。常時10人以上の労働者を使用する使用者は、就業規則を作成し過半数加入労働組合（ない場合は過半数の労働者の代表）の意見を聴取しその意見書を添付して労働基準監督署に届け出る義務がある。その就業規則には**図表8－5**のような内容を記載しなければならないものと規定されている。

　労働者である職員は就業規則の内容をよく理解し、労働時間や休日、賃金などの労働条件を知るとともに、労務を提供するにあたって職場において守るべきルールを身につけなければならない。

●図表8－4　労働契約と就業規則

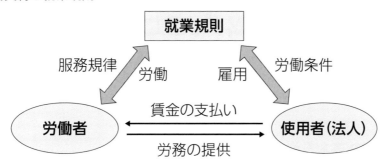

（著者作成）

●図表8－5　就業規則に記載する事項

必ず記載しなければならない事項 （絶対的必要記載事項） 労基法第89① 1～3号	労働時間等	始業と終業の時刻
		休憩時間
		休　　日
		休　　暇
		交替制勤務の場合の就業時転換に関する事項
	賃金	賃金（臨時の賃金等を除く）の決定の方法
		〃　　　　〃　　　　計算の方法
		〃　　　　〃　　　　支払の方法
		〃　　　　〃　　　　締切りの時期
		〃　　　　〃　　　　支払の時期
		〃　　　　〃　　　　昇給に関する事項
	退職・解雇	退職に関する事項
		解雇の事由に関する事項
定めをした場合は必ず記載しなければならない事項 （相対的必要記載事項） 労基法第89① 3号の2～10号	退職手当	適用される労働者の範囲
		退職手当の決定の方法
		〃　　　　計算の方法
		〃　　　　支払の方法
		〃　　　　支払の時期
	臨時の賃金等（退職手当を除く）に関する事項	
	最低賃金額に関する事項	
	食費、作業用品その他の負担に関する事項	
	安全、衛生に関する事項	
	職業訓練に関する事項	
	災害補償、業務外の傷病扶助に関する事項	
	表彰、制裁の種類と程度に関する事項	
	その他の全員に適用される事項	

（（公社）全国労働基準関係団体連合会編『改訂増補2版やさしい職場の人事労務と安全衛生の基本』2017年、31頁）

第8章

組織運営管理

社会人、組織人として働くための基本的ルールを理解する

1 社会人としての基本を学ぶ

　専門的な知識・技術をもって福祉サービスに従事する専門職も、その他どんな部門に従事するにしても、私たちはまず社会人として仕事をするのであり、社会一般の常識的社会人と異なるものではない。社会人として職業人として組織のなかで、上司・先輩職員や同僚と協調し、自分に課せられた業務に責任をもって積極的に自分の役割を果たすことが必要である（**図表8－6参照**）。

　そのために、仕事の進め方の原則として次のことを守らなければならない。まず、仕事の基本を身につけることである。仕事を進めるうえでは、正確・迅速・丁寧さが求められる。さらに、同一の業務で同一の質が確保されるなら経済的に安価であること、過剰な負担をかけずに楽に行えることなどが原則となる。ただし、これらの要素の判断基準は所属組織、担当業務や人により異なる。

　●業務標準（マニュアル・手順書）：初任者は上司や先輩職員の指示のもとで、まず、定型業務が誤りなくできることが求められる。この定型業務を誰が行っても、いつ行っても最低限確実に実施するためにつくられるのが「業務標準（スタンダード）」である。定型業務はSDCAのサイクルで実践する。Standard＝標準→Do＝実行→Check＝評価→Act＝改善である（第5章参照）。

　業務標準は「マニュアル」「手順書」として文書化することが望ましいが、文書がなくても先輩職員から後輩職員に受け継がれる慣習的な業務標準もある。マニュアルの負の側面を指摘する言葉に「マニュアル人間」がある。定型業務を誤りなく実行できるようになってもマニュアルにとどまり、それを超えた臨機応変な対応に欠けることをさしている。しかし、まず最低限確保すべきレベルを誤りなく行うための方法としてマニュアルは大切である。

　業務の質の向上のためには常に改善が必要であり、そのためには職場内外の教育を受け、自らも自己啓発を怠らないようにする必要がある。また、充実した業務を行うには、その前提に心身の健康がなくてはならない。自らの健康を自律的に管理できることも社会人としての基本である（第1章参照）。

2 職場の基本動作を身につける

　福祉サービスは単なる見かけや形だけで評価できるものではない。しかし、社会人として常識的な行動ができること、規律・マナーを守ること、身だしなみを整えることは、職場内の良好な人間関係を築き維持するために、また、利用者やその家族等との関係形成のための基本である。

　●あいさつ：コミュニケーションの第一歩はあいさつからである。その場に合った言葉と音量で声かけをし、お辞儀をする。お辞儀にも、会釈、普通礼（敬礼）、最敬礼、とお辞儀の角度の違いで3種類あるので、場面に合わせて使う。

　●言葉づかい：社会人らしさが最もはっきりと現れるのが、言葉づかいである。尊敬語（相手を敬って使う言葉）、謙譲語（自分がへりくだることによって相手を敬う言葉）、丁寧語（言葉づかいを丁寧にすることによって相手に敬意を表す言葉）や、敬称が適切に使い分けられるよう、まず基本を覚える。職場内の専用語や流行語、外国語の使用には注意が必要である。

　電話のかけ方や応対、来客対応、利用者宅や仕事上の関係者への訪問にもそれぞれ社会人とし

ての常識的な基本があり、これらを身につける。

3 効率的・効果的に仕事を進める意義を知る

福祉サービスに従事する者として、サービスの量的確保・質的向上を図ることが必要であるが、それには経済的・時間的な負担がともなう。人的・物的・財政的な制約があるなかでは、いまある資源を有効に使い、より高い効果を上げるための効率化等の業務改善が大切である。具体的な行動として、業務のシステム化、計画化、標準化が必要となる。

効果的な仕事にするために、職場内の情報の流れをよくしコミュニケーションを円滑にすることが必要である。その方法として、「ホウ・レン・ソウ」、つまり「報告」「連絡」「相談」を的確に行えるようになることが大切である（第3章、第7章参照）。

4 仕事のムリ・ムダ・ムラを排除する

仕事の「ムリ」とは、自分に意欲はあっても明らかに予定の期間内にできない業務量を抱えたり、技術的に未熟であるにもかかわらず実行可能性の低い業務を引き受けたりすることをいう。利用者に悪い結果をもたらし同僚・上司に迷惑がかかり自分も困ることになりかねない。

「ムダ」は、直接的な金銭や物品もその対象だが、時間も重要な対象である。電気、水道などのムダにも目を向けるなど、職場におけるムダの排除を考える範囲は広い。

「ムラ」とは、出来上がりなどの状態が一定せずに差が出ることである。仕事量のムラ、仕事に対するやる気のムラなどにより、仕事の成果にもムラや失敗のないような注意をすることが必要となる。

●図表8−6　組織人としての基本的な意識と行動基準

●利用者（顧客）意識	常に利用者（顧客）のニーズに目を向け、満足を提供する
	・ニーズに対応したサービスの提供　・サービスの質の向上
●責任意識	自分の担当業務は責任をもって確実に遂行する
	・業務標準の習得と実践　・仕事の当事者意識の強化
●規律意識	集団としての秩序の維持、正しい業務遂行と効果性の追求
	・集団としての規範やルールの遵守　・現有資源の有効活用
●協調意識	他者や他部門にも積極的に関心をもち、協力する
	・チームワークの推進　・他部門との連携
●効率意識	仕事の目的を明確化し、ムリ・ムダ・ムラをなくす
	・定石（じょうせき）にかなった業務遂行　・計画に基づく効率的活動
●原価意識	最小の費用で大きな効果を上げるための能率的な仕事
	・時間効率を考えた作業標準　・共用管理標準の徹底
●改善意識	創意と工夫により改善を考え、常に進歩を求める
	・標準化基準の見直し　・状況に適合する標準設定
●専門意識	福祉サービスの専門職としての健全な自信と使命の遂行
	・たゆまぬ自己研鑽と能力開発　・職業倫理の遵守

（「福祉職員生涯研修」推進委員会編『福祉職員研修テキスト 基礎編』全国社会福祉協議会、2002年、27頁）

社会福祉に関係する知識・情報に関心をもち、環境の変化を理解する

1 福祉サービスの基本的動向を理解する

　福祉サービスを規定する法令、それに基づく福祉サービスのあり方、サービスの内容などは、少子高齢化の進展と地域社会や家族の機能など社会の変化、ニーズの変化に応じて変遷していくものである。

◎**1951（昭和26）年 社会福祉事業法成立**：事業の対象を「援護、育成又は更生の措置を要する者」と限定し、その事業内容は限定列挙された「社会福祉事業」であり、社会福祉法人を創設することにより「国、地方公共団体、社会福祉法人その他社会福祉事業を経営するもの」という公共性の高い事業所だけが事業を行うこととした。

◎**1990（平成2）年 社会福祉事業法の改正**：それまで限定的であった対象を「福祉サービスを必要とする者」と表現し、より一般化することによって対象の拡大を図った。サービスという言葉を使ったのもこのときからである。福祉サービスとは「社会福祉を目的とする事業」の具体的な行為と考えられる。

◎**1997（平成9）年 社会福祉基礎構造改革の検討始まる**：「個人が人としての尊厳を持って、家庭や地域の中で、障害の有無や年齢に関わらず、その人らしい安心のある生活が送れるよう自立を支援する」という理念のもと、以下の方向性を示した。
■福祉サービスの利用者と提供者の対等な関係の確立
■個人の多様な需要への地域での総合的な支援
■幅広い需要に応える多様な主体の参入促進
■信頼と納得が得られるサービスの質と効率性の確保
■情報公開等による事業運営の透明性の確保
■増大する費用の公平かつ公正な負担
■住民の積極的な参加による福祉の文化の創造

◎**2000（平成12）年 介護保険法の施行、社会福祉法の成立**：対象は大幅に増加し「福祉サービス利用者」という主体性をもった契約者となった。これに合わせて事業者も「社会福祉を目的とする事業を経営する者」と大きく範囲を拡大し一般化した。さらに、少子高齢化によりニーズは拡大し続け、低迷する産業全般のなかで、福祉サービスはとりわけ成長する「産業」として位置づけられるまでに至った。

◎**2016（平成28）年 社会福祉法の改正**：社会福祉事業の主たる担い手である社会福祉法人制度が大幅に改正された。社会福祉法人の経営組織のガバナンスの強化や、地域における公益的な取り組みを実施する責務の創設等が主な目的であった。

◎**2017（平成29）年、2020（令和2）年 社会福祉法等の改正**
　地域共生社会の実現に向けた市町村の包括的支援体制づくり、上位計画としての地域福祉計画策定の努力義務化、共生型サービスの創設が行われた。また、地域生活課題の解決に向けた支援が包括的に提供されるための重層的支援体制整備事業や、社会福祉連携推進法人が創設された。

　このように、社会、政治、産業、家族構造、医療技術などの環境の変化に応じて、福祉ニーズも変化する。ニーズに応じて新たな制度ができるとさらに対象が変化し、そのことによってまた新しいニーズが生まれる。私たちは仕事を通して利用者のニーズに応えるとともに、環境の変化により

生まれる新たな福祉ニーズにも常に関心を示していかなければならない。

2 福祉サービスに関する情報の種類、入手経路を知る

　福祉サービスに従事する職員として、常に関連する内外の情報に関心をもって耳目を傾け、環境の変化を理解することが大切である。

　まず、最も基本的な情報として知っておかなければならないのは、担当する事業に関連する福祉サービスの基本的な知識・情報と関係法令の内容である（**図表8－7**参照）。

　一般的な情報は玉石混交である。また、非公式な情報ほど早く流れる傾向にある。得られた情報の中でも真に必要なものを見分けられる力をもつようになりたい。そのためには、日頃から、得られた情報の出所やその真偽を見分け、自分の仕事との関係性を吟味する習慣が必要である（**図表8－8**参照）。

●図表8－7　福祉サービスに関する情報の種類とその具体的内容（介護保険事業の場合の一例）

情報の種類	具体的内容の例
現行の事業関連法令の内容	介護保険法、高齢者の居住の安定確保に関する法律
関連事業に関する政治の注目事項	政府の高齢者施策
関連事業に関する行政の動向	厚生労働省・県等からの通知
関連事業の業界の動向	介護労働安定センターの統計資料
地域の利用者の動向	市内の特別養護老人ホームの待機者数の変化
地域の他事業者の動向	老人福祉施設・介護保険事業新規開設の動向
所属する事業所の利用者の動向	利用者数の変化、待機者の動向
利用者・家族からの苦情・希望	苦情等の利用者から寄せられた要望
法人・事業所内の情報	会議等での上司の解説

（著者作成）

●図表8－8　情報の入手経路（例）

マスコミ等	新聞一般紙、TV、ラジオ、インターネット
行政	行政からの通知・通達、行政説明会、行政担当者
本等	専門書、専門紙、専門誌
業界、専門職団体	業界紙、業界誌、業界団体からの通知
口コミ	利用者、近隣住民、ボランティアからの口コミ
苦情システム	苦情相談、苦情解決第三者委員、オンブズマン
施設内	掲示、職場内通知・連絡会、上司・先輩職員
その他	職場内外の研修会、講演会等

（著者作成）

ティータイム 初任者に身につけてほしい 10 項目

　福祉職場の初任者が身につけるべき内容のなかでも、法人・事業所の施設長等の責任者が、より重要度が高いと考えているのは下記の10項目である。

➡　利用者との信頼関係を形成できる

➡　「ホウ・レン・ソウ」（報告・連絡・相談）を的確に行うことができる

➡　緊急対応（利用者の急変、事故等）の基本を身につける

➡　福祉職員としての職業倫理や福祉サービスの価値基準を身につける

➡　あいさつや言葉づかいの基本を身につける

➡　利用者を理解し、共感できる

➡　担当業務に関する基礎的知識・技術・態度を身につける

➡　利用者ニーズや問題を発見し、アセスメントできる

➡　気配りや人間関係の基本を身につける

➡　自ら学習する姿勢と方法を身につける

参 考 文 献

● 「福祉職員生涯研修」推進委員会編『福祉職員研修テキスト 基礎編・指導編・管理編』全国社会福祉協議会、2002年
● 浦野正男編『社会福祉施設経営管理論』全国社会福祉協議会、2017年
● 産業・組織心理学会編『産業・組織心理学ハンドブック』丸善、2009年
● 金井壽宏『働くひとのためのキャリア・デザイン』PHP研究所、2002年
● 二村英幸『個と組織を生かすキャリア発達の心理学』金子書房、2009年
● E.H.シャイン、二村敏子・三善勝代訳『キャリア・ダイナミクス』白桃書房、1991年
● 古川久敬『チームマネジメント』日本経済新聞社、2004年
● 津田耕一『福祉職員研修ハンドブック』ミネルヴァ書房、2011年
● エイデル研究所福祉経営支援部編『福祉職場の人材マネジメント』エイデル研究所、2009年
● 宮崎民雄監修『改訂 福祉の「職場研修」マニュアル』全国社会福祉協議会、2016年
● 宮崎民雄『福祉職場のOJTとリーダーシップ（改訂版）』エイデル研究所、2009年
● 山田雄一『研修指導論』産業労働調査所、1987年
● P.F.ドラッカー、上田惇生訳『非営利組織の経営』ダイヤモンド社、2007年
● P.F.ドラッカー、上田惇生訳『マネジメント【エッセンシャル版】』ダイヤモンド社、2001年
● 柴山盛生、遠山紘司『問題解決の進め方』NHK出版、2012年
● 高橋誠『問題解決手法の知識〈第2版〉』日経文庫、日本経済新聞社、1999年
● 福山和女『ソーシャルワークのスーパービジョン』ミネルヴァ書房、2005年
● 伊丹敬之、加護野忠男『ゼミナール経営学入門』日本経済新聞社、2003年
● トム・ピーターズ、ロバート・ウォーターマン、大前研一訳『エクセレント・カンパニー』英治出版、2003年
● ピーター・M・センゲ、守部信之他訳『最強組織の法則 − 新時代のチームワークとは何か』徳間書店、1995年
● 阿部志郎、河幹夫『人と社会 − 福祉の心と哲学の丘』中央法規出版、2008年
● 厚生省（現厚生労働省）「社会的な援護を要する人々に対する社会福祉のあり方に関する検討会」報告書、2000年
● 岡田進一『介護関係者のためのチームアプローチ』ワールドプランニング、2008年
● 埼玉県立大学編『IPWを学ぶ − 利用者中心の保健医療福祉連携』中央法規出版、2009年
● 日本社会福祉士会、日本医療社会事業協会『保健医療ソーシャルワーク実践2改訂』中央法規出版、2009年
● 篠田道子『多職種連携を高めるチームマネジメントの知識とスキル』医学書院、2011年
● 石川和幸『チームマネジメント成功のしかけ』中経出版、2009年
● 堀公俊『チーム・ファシリテーション』朝日新聞出版、2010年
● チャールズ・S・レヴィ、小松源助訳『ソーシャルワーク倫理の指針』勁草書房、1994年
● 全米ソーシャルワーカー協会編、日本ソーシャルワーカー協会訳『ソーシャルワーク実務基準および業務指針』相川書房、1997年
● 全国労働基準関係団体連合会編『改訂増補2版 やさしい職場の人事労務と安全衛生の基本』全国労働基準関係団体連合会、2017年
● 社会福祉法令研究会編『社会福祉法の解説』中央法規出版、2001年
● 厚生労働省「介護労働者の労働条件の確保・改善のポイント」（パンフレット）、2017年
● 京極髙宣『福祉法人の経営戦略』中央法規出版、2017年

福祉職員
キャリアパス対応生涯研修課程
初任者コース
事前学習およびプロフィールシート

● すでにお申し込みいただいております「福祉職員キャリアパス対応生涯研修課程」初任者コースの受講にあたって、研修機会を有効に活用し、研修成果を高めるために、次頁以降の「事前学習およびプロフィールシート」にお取り組みください。

● 本シートへの取り組みは、研修受講の必須条件となります。本シートの内容は、面接授業の際の課題研究（ワークショップ）の素材として活用します。テキストを参照しながら記述してください。

● 職場の上司にコメントを記述していただいたうえで、コピーを8部とり、研修会当日持参し、2部を受付時にご提出ください。6部はワークショップで活用します。

受講番号	
氏　　名	

I テキストの事前学習シート

氏 名	

課題 研修テキスト「福祉職員キャリアパス対応生涯研修課程　初任者編」を熟読し、第1章～第8章までの内容について、あなたが重要と感じたポイントをそれぞれ2項目ずつ要約し、サービス実践やチーム活動においてどのように生かすかを記述してください（主な該当頁があれば記入してください）。

章	頁	重要と感じたポイント（内容の要約）	活用の視点（どのように活用するか）
第1章			
第2章			
第3章			
第4章			
第5章			
第6章			
第7章			
第8章			

II　自己のプロフィールシート

所属・氏名	

下記の点について、お答えください（記入できる部分で差し支えありません）

1.　現在の職場の概要と職務内容（法人や事業所の概要・理念やサービス目標・職員数・現在の立場等）

〈本研修への参加について〉
□①法人・事業所の上司等からの指示で参加（職務命令）
□②法人・事業所の上司等からの推薦で参加（任意参加）
□③自己研鑽の一環として自ら進んで参加（経費等の支援を受けて）
□④自己研鑽の一環として自ら進んで参加（経費等は自己負担）
□⑤その他（　　　　　　　　　　　　　　　　　　　　　　　　　　　　　　　　）

2.　福祉の仕事に就職した思い・きっかけ・理由

3.　福祉の仕事について感じたこと（どんな出来事だったか）

①嬉しかったこと	②不安に感じたこと

4. 目指したい職業人としての自己イメージ 4 つの問い（テキスト第 1 章参照）	
①できることは何か（能力・持ち味）	②やりたいことは何か（欲求・動機）
③意味を感じることは何か（志・価値観）	④どのような関係をつくり、生かしたいか（関係性）

5. 福祉職員として大切にしたいこと・目指したいこと	
①利用者や家族に対して	②組織やチームの一員として
③地域や関係機関との関わりについて	④自身の能力開発や資格取得について

Ⅲ　上司コメント （上記の内容をお読みいただき、下記の欄にコメントをお願いいたします。）

●本人の持ち味、本人への期待について		
本人の持ち味（プラス面、強み）について		本人への期待について
コメント	所属：	
	役職：	氏名：

私のキャリアデザインシート（挑戦目標とアクションプラン）

所属 _____　氏名 _____　作成日　年　月　日

1．この研修で学んだこと、気づいたこと（箇条書きで記述する）

2．目指したい職業人としての自己イメージ（4つの問い）

①できることは何か（持ち味・能力）

②やりたいことは何か（動機・欲求）

③意味を感じることは何か（志・価値観）

④どのような関係をつくり、生かしたいか（関係性）

3．私のキャリアメッセージ（いまの気持ち、これからの私）

4. 私のキャリアビジョン（5年後、10年後、さらに中長期の視点での職業人生経路の到達イメージ）

①利用者や家族との関わりについて

②組織やチームの一員として

③地域や関係機関との関わりについて

④自身の能力開発や資格取得について

5. 当面の重点目標とアクションプラン（1年から3年をめどに2～3項目設定する）

①重点目標（具体的に、明確に）	②アクションプラン （どのレベルまで、いつまでに、どのように等）

6. 上司からのアドバイスコメント（1から5の報告を受け、コメント・励まし、支援等を自由にご記入ください）

上司 コメント	所属：	役職：
	氏名：	記入日：

福祉職員 キャリアパス対応生涯研修課程 初任者コース 事前学習およびプロフィールシート

● すでにお申し込みいただいております「福祉職員キャリアパス対応生涯研修課程 初任者コース」の受講にあたって、研修機会を有効に活用し、研修成果を高めるために、次頁以降の「事前学習およびプロフィールシート」にお取り組みください。

● 本シートへの取り組みは、研修受講の必須条件となります。本シートの内容は、面接授業の際の課題研究（ワークショップ）の素材として活用します。テキストを参照しながら記述してください。

● 職場の上司にコメントを記述していただいたうえで、コピーを8部とり、研修会当日持参し、2部を受付時にご提出ください。6部はワークショップで活用します。

受講番号	
氏　名	

－1－

※両面コピーする場合は、p.1（シート表紙）の裏にp.3（Iテキストの事前学習シート）がくるようにしてください。

---

4. 目指したい職業人としての自己イメージ 4つの問い（テキスト第1章参照）

①できることは何か（能力・持ち味）	②やりたいことは何か（欲求・動機）
③意味を感じることは何か（志・価値観）	④どのような関係をつくり、生かしたいか（関係性）

5. 福祉職員として大切にしたいこと・目指したいこと

①利用者や家族に対して	②組織やチームの一員として
③地域や関係機関との関わりについて	④自身の能力開発や資格取得について

Ⅲ　上司コメント（上記の内容をお読みいただき、下記の欄にコメントをお願いいたします。）

● 本人の持ち味、本人への期待について

本人の持ち味（プラス面、強み）について	本人への期待について

所属：	
役職：	氏名：
コメント	

－4－

Ⅱ 自己のプロフィールシート 　所属・氏名

下記の点について、お答えください（記入できる部分で差し支えありません）

1. 現在の職場の概要と職務内容（法人や事業所の概要・理念やサービス目標・職員数・現在の立場等）

（本研修への参加について）
- □①法人・事業所等の上司等からの指示で参加（職務命令）
- □②法人・事業所等の上司等からの推薦で参加（任意参加）
- □③自己研鑽の一環として自ら進んで参加（経費等の支援を受けて）
- □④自己研鑽の一環として自ら進んで参加（経費等は自己負担）
- □⑤その他（　　　　　）

2. 福祉の仕事に就職した思い・きっかけ・理由

3. 福祉の仕事について感じたこと（どんな出来事だったか）
①嬉しかったこと

②不安に感じたこと

Ⅰ テキストの事前学習シート 　氏 名

課題　研修テキスト「福祉職員キャリアパス対応生涯研修課程　初任者編」を熟読し、第1章～第8章までの内容について、あなたが重要と感じたポイントをそれぞれ2項目ずつ要約し、サービス実践やチーム活動において、どのように生かすかを記述してください（主な該当頁があれば記入してください）。

章	頁	重要と感じたポイント（内容の要約）	活用の視点（どのように活用するか）
第1章			
第2章			
第3章			
第4章			
第5章			
第6章			
第7章			
第8章			

福祉職員キャリアパス対応生涯研修課程
テキスト編集委員会 委員名簿

氏　名	所　属　等	担　当　章
○宮崎　民雄	特定非営利活動法人福祉経営ネットワーク 代表理事	第1章、第4章
岸田　宏司	和洋女子大学 学長	第2章
久田　則夫	日本女子大学 教授	第3章
村井　美紀	東京国際大学 准教授	第4章
◎田島　誠一	特定非営利活動法人東京YWCAヒューマンサービスサポートセンター 理事長	第5章
村岡　裕	社会福祉法人佛子園 専務理事	第6章
津田　耕一	関西福祉科学大学 教授	第7章
武居　敏	社会福祉法人松渓会 理事長	第8章

委員長＝◎、副委員長＝○　　　　　　　　　　　（所属・役職は2021年4月現在）

事務局

社会福祉法人全国社会福祉協議会　中央福祉学院
〒240-0197　神奈川県三浦郡葉山町上山口1560-44
電話　046-858-1355

［改訂2版］
福祉職員キャリアパス対応生涯研修課程テキスト
初任者編

発行 ……………… 2013年7月29日　初版第1刷
　　　　　　　　　2018年2月20日　改訂第1版第1刷
　　　　　　　　　2021年6月 1 日　改訂第2版第1刷
　　　　　　　　　2023年4月28日　改訂第2版第2刷

編集 ……………… 福祉職員キャリアパス対応生涯研修課程テキスト編集委員会

発行者 …………… 笹尾　勝

発行所 …………… 社会福祉法人 全国社会福祉協議会

　　　　　　　　　〒100－8980　東京都千代田区霞が関3－3－2　新霞が関ビル

　　　　　　　　　電話　03-3581-9511　　振替　00160-5-38440

定価 ……………… 定価1,210円（本体1,100円＋税10%）

印刷所 …………… 日経印刷株式会社

ISBN978-4-7935-1369-5 C0336 ¥1100E
禁複製